Charles Péguy

Mes pensées

Charles Péguy

Mes pensées

© 2019, AOJB

Éditeur : BoD-Books on Demand

12-14 rond-point des Champs-Élysées, 75008 Paris

Impression : Books on Demand, Norderstedt, Allemagne

ISBN : 9782322188604

Dépôt légal : novembre 2019

Sommaire

PREFACE 7
INTRODUCTION 9
LA RECHERCHE DE LA VÉRITÉ 11
NOTRE PATRIE 61
L'HISTOIRE 69
LE MONDE MODERNE 76
LA FOI 91

Renseignements pratiques :

Toutes les citations ont été faites d'après l'édition des *Cahiers de la Quinzaine*, seule édition originale. La pagination est celle des Cahiers, la typographie des titres est aussi celle des Cahiers. (...)

Toutes les pensées appartenant au même Cahier sont précédées de la date de publication et du titre de ce Cahier (ou partie de Cahier). Toutes les coupures sont indiquées par des points de suspension. Bien retenir enfin que dans l'énumération des Cahiers, le chiffre romain indique le numéro de la série, le chiffre arabe le numéro du Cahier, ainsi : XIV, 9 signifie neuvième Cahier de la quatorzième série.

PREFACE

Dans un premier recueil qui nous faisait relire les prières de Charles Péguy, le lecteur suit la laborieuse préparation de son âme.

Nous la suivons encore cette préparation dans ce nouveau recueil. Le lecteur n'y trouvera pas de longs poèmes, mais des sentences brèves, si pleines de vie, impérieuses comme des commandements militaires

On sent que Péguy cherche sa route ainsi que celle de la France vers plus de vérité, de justice et de charité.

Il sait, il sent qu'il ne peut se sauver tout seul. Aussi veut-il que tous ensemble, la main dans la main, s'acheminent vers le salut.

De là son appel si plein d'une rude franchise aux hommes de son temps pour les arracher aux mensonges et les entraîner vers la vérité qu'ils ignorent.

Qu'elle est émouvante cette parole écrite par Péguy à la fin de sa vie : « La justice et la vérité que nous avons tant aimées, à qui nous avons donné tout, n'étaient point des vérités et des justices de concept ; elles étaient organiques, elles étaient chrétiennes.

« ...Et de tous les sentiments qui ensemble nous poussèrent, une vertu était au cœur, et c'était la vertu de charité. »

Dans ces pages on voit une pensée en marche, une intelligence qui aspire à la vérité et la cherche sans l'atteindre encore. Mais n'est-ce pas déjà un hommage et une espérance ?

Pour lui aussi « le chemin du salut est raboteux ». Il est beau et réconfortant de contempler cet effort parfois rude, toujours sincère et si profondément humain qui « brise les vieilles servitudes, renverse les préjugés et les idoles, et monte peu à peu vers la lumière » ?

En lisant ces pages on a la ferme espérance que Dieu a exaucé cette âme ?

JEAN, cardinal VERDIER,
Archevêque de Paris.

INTRODUCTION

Pensées fait suite à *Prières*.

Prières se donnait l'aboutissement. *Pensées* voudrait refaire le chemin : donner du moins le désir de le refaire, amener à la lecture de l'œuvre entière en proposant quelques lignes isolées.

La difficulté d'une pareille tentative n'échappera à personne. Dans cette diversité vivante et agissante, dans cette création continue de pensée, il fallait d'abord couper : nous nous condamnions par là à ne retenir que des départs et des arrivées, des repliements ou des épanouissements, des points de cristallisation, jamais la ligne elle-même de la pensée dans toute son ampleur et toute sa hardiesse.

Ensuite, il fallait recoudre. La pensée de mon père n'est pas une ligne unique, c'est plutôt comme un arbre dont les branches s'étendraient à mesure que le tronc s'élève : si peu de problèmes relativement sont abordés dans les premiers cahiers, les dernières œuvres, comme *Note Conjointe*, sont d'une richesse et d'une variété incroyables, tout est repris à la fois, tout est poussé en avant d'un mouvement continu. Il

Introduction

en résulte qu'un ordre strictement chronologique risquait de dérouter le lecteur.

Celui que j'ai adopté :

>*la recherche de la vérité,*
>
>*notre patrie,*
>
>*l'histoire,*
>
>*le monde moderne,*
>
>*la foi,*

présente les inconvénients de tous les classements : il est une demi-mesure entre l'ordre chronologique pur et la division infinie des sujets. Surtout nos préoccupations présentes y, transparaissent peut-être trop. Mais comment faire autrement ? Ne serait-ce pas trahir la pensée de mon père que de refuser d'y voir tout ce qui semble prophétiser, avec une angoissante précision, tous nos dangers actuels. Personne, je crois, n'osera nier que les difficultés dont je parlais il y a deux ans ne se soient encore beaucoup aggravées ; en présentant au plus large public possible ces pages écrites entre 1900 et 1914, je voudrais qu'elles puissent contribuer à ouvrir tous les yeux qui peuvent encore s'ouvrir.

Gap, le 24 avril 1926. .

Pierre PEGUY.

LA RECHERCHE DE LA VÉRITÉ

I, 1, 5 janvier 1900,
lettre du Provincial.

Dire la vérité, toute la vérité, rien que la vérité, dire bêtement la vérité bête, ennuyeusement la vérité ennuyeuse, tristement la vérité triste.

On aurait tort de s'imaginer qu'on peut distinguer entre les vérités, respecter aux moments de crise les grandes vérités... et dans la vie ordinaire négliger les petites vérités familières et fréquentes.

Nous avons donné à la vérité ce qui ne se remplace pas, des amitiés d'enfance, des amitiés de quinze et de dix-huit ans... Ayant subi cela pour la vérité, nous n'accepterons pas qu'on nous force à la lâcher pour ménager les susceptibilités, les amours-propres, les épidermes de quelques individus.

1, 2, 20 janvier 1900,
réponse provisoire.

Il ne suffit pas de prêcher : il faut d'abord savoir ce que l'on prêche... Il ne suffit pas de propager, propager. Nous devons faire attention à ce que nous propageons. Toute propagande qui n'est pas de vérité entière est mauvaise.

(préparation du congrès.)

Dans toutes les discussions publiques, aussitôt qu'on réplique à un orateur : « vous faites des personnalités »... l'orateur se tait et s'excuse... Je n'ai jamais entendu un seul citoyen répondre à l'interrupteur : « Parfaitement, monsieur, je fais des personnalités, parce que je dois faire ici des personnalités. »

Quand on manque à la vérité, mon ami, on manque forcément à la justice : à vérité incomplète, justice incomplète, c'est-à-dire injustice... Quand nous refusons d'attribuer aux personnalités marquantes la part qu'elles ont dans les événements, nous transférons cette part aux petites personnalités des soldats oubliés et de la misérable foule.

I, 6, 20 mars 1900. *De la grippe.*

Nous disions hardiment que l'immortalité de l'âme, c'était de la métaphysique. Depuis je me suis aperçu que la mortalité de l'âme était aussi de la métaphysique. Aussi je ne dis plus rien.

I, 9, 5 mai 1900.
entre deux trains.

Je plains tout homme qui n'en est pas resté à sa première philosophie, j'entends pour la nouveauté, la fraîcheur, la sincérité, le bienheureux appétit.

II, 5, 28 janvier 1901,
pour moi.

Je désobéirai si la justice et la vérité le veut.

II, 7, 2 mars 1901,
Casse-cou.

Il va donc falloir à présent que l'on soit matérialiste et athée... Comme si le matérialisme n'était pas une métaphysique, et l'athéisme une théologie. Quand un bourgeois français inculte et grossier proclame qu'il est matérialiste cela veut dire en gros qu'il a envie d'outrager la morale usuelle. Et quand il dit : *Je suis athée.* Cela veut dire en gros qu'il a envie d'embêter les curés. Je ne vois pas quel avantage nous aurions, ni quel intérêt, à imiter les vieux bourgeois dans ce qu'ils ont de grossier et d'inculte, à imiter les vieux-radicaux dans leurs infirmités mentales, ou morales.

Nous avons de la matière une idée plus confuse encore et moins utilisable que celle que nous avons de l'esprit.

Je n'éprouve aucun besoin d'unifier le monde. Plus je vais, plus je découvre que les hommes libres et que les événements libres sont variés.

L'histoire n'est pas socialiste. Elle est historique. La philosophie n'est pas socialiste. Elle est philosophique.

Malheureux celui qui n'a pas au moins une fois, pour un amour ou pour une amitié, pour une charité, pour une solidarité, remis tout en cause, éprouvé les mêmes fondements, analysé lui-même les actes les plus simples.

II, 10, 4 avril 1901,
cahier d'annonces.

La révolution sociale sera morale, ou elle ne sera pas.

II, 12, 13 juin 1901,
***préface* de Jean Coste.**

A moins d'avoir du génie, un homme riche ne peut pas imaginer ce qu'est la pauvreté.

II, 15, 23 juillet 1901,
mémoires et dossiers.

Flatter les vices du peuple est encore plus lâche et plus sale que de flatter les vices des grands.

III, 1, 1ᵉʳ octobre 1901,
compte rendu de congrès.

La pire des partialités est de se refuser, la pire ignorance est de n'agir pas, le mensonge le pire est de se dérober.

III, 2, 17 octobre 1901,
vraiment vrai.

Tout homme a droit qu'on le combatte loyalement.

III, 4, 5 décembre 1901,
de la raison.

La justice, la raison, la bonne administration du travail demandent que les intellectuels ne soient ni gouvernants ni gouvernés.

Loin que le socialisme soit définitif, il est préliminaire, préalable, nécessaire, indispensale, mais non suffisant.

C'est un insupportable abus de l'autorité paterternelle que de vouloir imposer aux générations neuves les radotages des générations fatiguées, vieilles, que nous sommes.

La presse constitue un quatrième pouvoir. Beaucoup de journalistes, qui blâment avec raison la faiblesse des mœurs parlementaires, feraient bien de se retourner sur soi-même et de considérer que les salles de rédaction se tiennent comme les Parlements... Les journalistes écrivent comme les députés parlent. Un rédacteur en chef est un président du conseil, aussi autoritaire, aussi faible.

La popularité aussi est une forme de gouvernement, et non des moins dangereuses.

III, 5, 19 décembre 1901, *lettre à M. Ch. Guteysse*

Reconnaissons que la convertion soudaine en masse est dans le temps présent toujours grossière et causée par des malentendus. Sachons que la propagande est soumise aux lois ordinaires du travail, que l'on n'a rien sans peine, — et sans peine lente. Sachons que la formation d'un esprit n'est pas l'application d'une étiquette. Habituons-nous à cette idée que d'avoir contribué à former un seul esprit dans le monde est déjà un résultat considérable. Nous ne sommes pas des grands capitalistes d'esprits et de consciences. Nous ne sommes pas de grands propriétaires d'hommes. Sachons procéder par élaboration laborieusement lente. Sachons nous adresser aux esprits individuels, aux consciences personnelles. Soyons modestes

C'est une illusion dangereuse que de croire que l'on peut publier sans recevoir, écrire sans lire, parler sans écouter, produire sans se nourrir, donner de soi sans se refaire.

III, 6, 28 décembre 1901, *préface de la Grève de Jean Hugues.*

Le classique se connaît à sa sincérité, le romantique à son insincérité laborieuse.

III. 7, 16 janvier 1902, *réponses particulières.*

J'accorde à la plupart des hommes un crédit beaucoup plus considérable que celui où ils ont droit. Outre mon imbécillité naturelle, je le fais exprès : mieux vaut mal placer du crédit à beaucoup de gens que de s'exposer à refuser du crédit à un seul qui le mériterait.

Je hais la pose comme un vice et la lèche comme une ordure.

Il faut savoir parler d'argent quand il faut. Il y a une espèce de tartuferie à s'en taire.

III, 8, 13 février 1902. *Jean Coste.*

A la plupart des grands théoriciens socialistes, il a manqué d'être pauvre.

III, 9. 22 février 1902, *avertissement à une lettre inédite de Tolstoï.*

Les débats ne se poursuivent efficaces que dans les hauteurs.

III, 12, 5 avril 1902, *personnalités*.

La guerre contre la démagogie est la plus dure de toutes les guerres.

Presque toute la culture universitaire est de la fausse culture.

Quand on rend les enfants malheureux, on est un criminel et on risque de les tuer. Quand on les rend heureux, on a raison, mais on risque de les rendre niais, présomptueux, insolents.

Ce qu'il y a de pressé, d'urgent, c'est de barrer la route à la démagogie politique et sociale, intitulée socialiste, à la démagogie littéraire.

Refaire un public ami de la vérité sincère, de la beauté sincère, un public peuple, ni bourgeois ni populace, ni faisandé ni brute, c'est la tâche redoutable où nous sommes attelés.

Le peuple, avant la culture, a les proverbes qui sont déjà dangereux, parce que l'on ne croit pas tout à fait que c'est de la pensée. Certains intellectuels, après la fausse culture, ont les formules, qui sont grossières comme les proverbes, et qui sont tout à fait dangereuses, parce que l'on croit tout à fait que c'est de la pensée.

Je croyais quand j'étais petit que les groupes travaillent. Aujourd'hui nous savons que les groupes ne font aucune œuvre. Ils font de l'agitation.

III, 14, 22 avril 1902,
Cahiers de la Quinzaine.

L'exercice du suffrage universel en France est un débordement de vice inouï... Le parlementarisme électoral est une maladie... quand nous l'étudierons nous nous apercevrons sans doute qu'elle présente une singulière analogie avec la prostitution.

III, 16, 24 mai 1902,
les élections.

Le triomphe ne va pas aux incertains et aux faibles.

III, 18, 10 juin 1902,
monographies.

Il ne faut qu'un métier par homme.

IV, 3, 4 novembre 1902,
de *Jean Caste.*

C'est la pesanteur et c'est la force inévitable de la misère qu'elle rend les misérables irrémédiablement faibles et qu'ainsi elle empêche invinciblement les misérables de s'évader de leurs misères mêmes.

On confond presque toujours la misère avec la pauvreté ; ... elles sont voisines sans doute ; mais situées de part et d'autre d'une limite ; cette limite économique est celle en deçà de qui la vie économique n'est pas assurée, au delà de qui la vie économique est assurée.

Le misérable est dans sa misère, au centre de sa misère... le misérable que nous connaissons, le misérable comme l'a fait l'élimination de la croyance religieuse n'a plus qu'un seul compartiment de vie et tout ce compartiment lui est occupé désormais par la misère... son domaine est un préau de prisonnier.

Une conspiration générale du silence nous laisserait croire que la misère n'existe pas.

Nous ne pouvons pas croire qu'il n'y a pas de misère parce que nous ne la regardons pas : elle est quand même, et nous regarde.

Le devoir d'arracher les misérables à la misère et le devoir de répartir également les biens ne sont pas du même ordre : le premier est un devoir d'urgence, le deuxième est un devoir de convenance.

Il suffit qu'un seul homme soit tenu sciemment, ou, ce qui revient au même, sciemment laissé dans la misère pour que le pacte civique tout entier soit nul ; aussi longtemps qu'il y a un homme dehors, la porte qui lui est fermée au nez ferme une cité d'injustice et de haine.

On ne peut sauver des misères morales ou mentales tant que l'on ne sauve pas de la misère économique.

Un assez grand nombre de bourgeois admettent que des chrétiens ou que des socialistes pensent aux misères de la société bourgeoise ; les camarades socialistes révolutionnaires n'admettent pas qu'on ne communie pas infatigablement avec eux dans les apothéoses des punchs. Le parti de la souffrance est tout à la joie.

Au lieu de vivre une vie réelle dans l'ordre de l'action, le romantique vit une image, une représentation de vie en pensant aux spectateurs.

De même que les grands héréditaires ont une aisance que les parvenus n'ont pas, de même les misérables héréditaires ont une aisance que n'ont pas les naufragés de la vie.

Il faut savoir si derrière l'apparat des discours officiels tout l'idéal de vie que la troisième République propose à un assez grand nombre de ses loyaux serviteurs est le mariage d'affaires ou le célibat perpétuel.

Chacun vend sa part de juste liberté pour une part d'autorité injuste qu'il exercera. C'est te fondement même du suffrage universel.

Le démagogue négligent et grand seigneur est le plus dangereux.

Lancer des idées fausses, et y tenir, est dangereux. Mais lancer une idée fausse et négligemment la retirer… est beaucoup plus dangereux… L'auteur a pu retirer son idée : il n'a pas retiré l'image, la mémoire que les pauvres gens ont formée, ont gardée de cette idée. A la première discussion l'idée fausse reparaît, florissante ; la comparaison inconsidérée s'impose, elle est commode.

IV, 4, 20 novembre 1902, *M. Georges Colomb.*

Ce n'est pas parce que l'enseignement est amusant que nous devons nous cultiver. L'enseignement et l'amusement ne sont pas ennemis ; mais ils ne sont pas du même ordre. Ils peuvent coïncider ; ils peuvent se superposer ; ils peuvent s'accorder ; mais l'amusement ne commande pas l'enseignement.

Un homme qui tient dans une assemblée des propos qu'il ne peut pas tenir dans une autre où il fréquente n'est pas un honnête homme.

IV, 5, 4 décembre 1902, *les récentes œuvres de Zola.*

Tirer un coup de fusil ailleurs qu'au stand est une opération grave.

Ce n'est pas par l'horreur du laid mais par l'attrait du beau que nous devons enseigner le beau.

IV, 12, 17 février 1903,
Cahiers de la Quinzaine.

A la Chambre l'empoisonnement alcoolique n'a jamais été mis en débat ; il y a cause gagnée ; victoire sans bataille.

Voici des hommes qui savent que pendant quatre ans ils peuvent absolument faire tout ce qui leur passera par la tête, qu'ils n'encourront absolument aucune responsabilité, qu'ils ne recevront absolument aucune sanction, puisque c'est nous, la nation, qui paie.

On sait ce que veut dire équilibrer le budget de l'Etat : c'est jeter sans cesse de nouveaux aliments dans un organisme, dans un mécanisme de toutes parts crevé, de toutes parts usurpé, de toutes parts volé, dans un mécanisme à rendement minimum, à usure, à frottement maximum, dans le mécanisme industriel à beaucoup près le plus barbare que nous présente l'organisation industrielle moderne.

Tous ces monopoles avantageux ne sont que des moyens de faire payer beaucoup d'impôts sans qu'on s'en aperçoive. Mais l'impôt inutile ignoré pèse autant sur le travail utile que l'impôt flagrant

IV. 18, 12 mai 1903,
débats parlementaires.

Enseigner à lire, telle serait la seule et la véritable fin d'un enseignement bien entendu ; que le lecteur sache lire et tout est sauvé.

Qu'est-ce qu'un coup d'Etat, sinon de la raison d'Etat discontinue ? et qu'est-ce que la raison d'Etat, sinon un coup d'Etat continu ?... Quand on est sorti de la justice, que ce soit pour la violence continue ou pour la violence discontinue, il n'y a plus que l'ordre de l'injustice et du fait.

Le gouvernement parlementaire n'est pas tant le gouvernement de la tribune ; et même il n'est pas tant le gouvernement des commissions ; il est le gouvernement des couloirs.

La lâcheté des foules, en particulier des foules parlementaires, est incalculable.

IV, 20. 16 juin 1903, *reprise politique parlementaire.*

Marchons seuls. On n'a pas besoin d'être plusieurs. Puisque nous avons raison, puisque nous sommes justes, puisque nous sommes vrais, commençons par marcher, continuons par marcher, finissons par marcher.

Le peuple et les parlementaires disent *la République, la liberté, la révolution* ; mais ce n'est ni la même République, ni la même liberté, ni la même révolution.

La calomnie est en politique moins gênante que la manifestation de la vérité.

V, 11, 1ᵉʳ mars 1904, *avertissements au Monde sans Dieu de M. Mangasarian.*

Une politique ne déplace pas une religion ; une politique ne déplace pas une mystique.

La véritable et perpétuelle majorité, c'est la lourde et lâche masse du populaire informe.

Le populaire et le parlementaire se plaît à marcher magnifiquement, héroïquement, en troupe, en foule, ensemble du côté le plus fort.

Le radicalisme est principalement un système de vieux qui veut se faire passer pour du neuf.

Une révolution est un appel d'une tradition moins parfaite à une tradition plus parfaite, un appel d'une tradition moins profonde à une tradition plus profonde.

Une révolution revient essentiellement à fouir plus profondément dans les ressources non épuisées de la vie intérieure ; ... ce ne sont pas des hommes en dehors qui font les révolutions, ce sont des hommes en dedans.

V, 12, 15 mars 1904,
Cahiers de la Quinzaine.

Les politiques eux-mêmes pensent comme nous de la politique ; ils sont les premiers à l'estimer ce qu'elle vaut ; c'est-à-dire à la mépriser.

La fidélité, la constance dans l'action ne consiste pas à suivre dans la voie de l'injustice les anciens justes, quand ils deviennent injustes.

V, 16, 29 mars 1904,
avant-propos au compte rendu du congrès de Dresde.

Je me permets quelquefois de réfléchir entre mes repas ce qui fait perdre énormément de temps.

VI, 2, 11 octobre 1904,
pour la rentrée.

Les crises de l'enseignement ne sont pas des crises de l'enseignement ; elles sont des crises de vie.

Une société qui n'enseigne pas est une société qui ne s'aime pas ; qui ne s'estime pas ; et tel est précisément le cas de la société moderne.

Un véritable savant, qui travaille dans son laboratoire, n'écrit point Science avec un grand S.

VI, 3, 30 octobre 1904, *Zangwill.*

Nous aimons qu'avant d'usurper les droits, on usurpe les devoirs.

L'humanité n'a rien gagné peut-être, depuis le commencement des cultures.

VI, 8, 15 janvier 1905, *librairie des Cahiers.*

Les sentiments de la camaraderie sont les plus mauvais de tous les sentiments.

Une amitié est perdue quand il faut penser à la défendre.

La défaite et la persécution subie sont une épreuve sans doute ; elles ne sont presque rien pourtant auprès de cette épreuve la plus redoutable : la victoire et la tentation de la persécution toute prête à exercer.

Si je ne mettais point dans les cahiers tout ce que j'ai de force de travail et de force d'inquiétude, je me considérerais comme un farceur, et comme un de ces politiciens dont nous disons quelquefois quelques mots.

VI, 9, 29 janvier 1905, *Textes formant dossier.*

Quel amour est vrai, s'il n'est point bête.

Soyons immoraux et politiques, disent-ils, pour cette minute seulement, pour cette minute présente ; aussitôt après vous pourrez redevenir moraux et impolitiques ; le malheur est qu'on nous en a dit autant et qu'on nous en dit autant pour toutes les minutes sans exception.

Nous aimons faire notre devoir, et qu'il n'en paraisse rien dans les rues.

VII, 3, 22 octobre 1905, *notre patrie.*

La délation, qui avait toujours été dans la pratique des gouvernements et des partis, fut organisée en théorie officielle, gouvernementale, politique, parlementaire, et censément républicaine.

Quand on pense que ce peuple, tous les soirs, de neuf à onze ou de dix à douze, après une journée de travail éreintante, pourrait aller dans des salles souvent bien éclairées s'embêter sur des bancs comme des normaliens aux conférences, écouter les derniers vers de nos petits poètes, les extrêmes hypothèses de nos derniers savants ; et il préfère truquer dans la journée pour aller par un beau soleil voir défiler des chevaux militaires.

On ne saura jamais tout ce que la peur de ne pas paraître assez avancé aura fait commettre de lâchetés à nos Français.

Il y a des moments, dans la vie d'un peuple, où l'instinct reprend si impudemment le dessus, que l'on serait capable de préférer un général en chef de défense militaire à un général en chef de défense républicaine.

VII, 4, 5 novembre 1905, *Cahiers de la Quinzaine.*

L'ordre, et l'ordre seul, fait en définitive la liberté. Le désordre fait la servitude. Les seuls démagogues ont intérêt à essayer de nous faire croire le contraire.

VII, 5, 19 novembre 1905, *courrier de Russie.*

Une capitulation est essentiellement une opération par laquelle on se met à expliquer, au lieu d'agir.

La vertu qui est devenue la plus rare dans les temps modernes : la fidélité.

Il y a deux espèces de normaliens et d'agrégés : ceux qui font de l'enseignement, ou de la science, ou un métier équivalent... nous devons les respecter comme on doit respecter tout honnête homme qui cherche à gagner honnêtement sa vie. Mais nous devons mépriser toute cette tourbe, toute cette horde, tous ces jeunes arrivistes, à peine dignes, indignes même du nom d'ambitieux, qui ne demandent à leurs titres universitaires que le privilège d'entrer les premiers dans la politique, les mains basses.

VII, 6, 26 novembre 1905, *introduction au Congo léopoldien.*

Nous devons nous élever de toutes nos forces et inlassablement contre les envahissements de toutes les barbaries.

VII, 7, 17 décembre 1905, *les suppliants parallèles.*

Le génie n'éclate nulle part autant que dans le détail poussé.

L'art n'est rien s'il n'est point une étreinte ajustée de quelque réalité.

Chez les modernes une supplication est une opération d'aplatissement, une manifestation de platitude ; le prosternement est une prostration, physique et morale ; pour tout dire d'un mot, le suppliant est un candidat.

Dans toute supplication antique, c'est le suppliant qui est le maître, c'est le suppliant qui domine.

Il représente tout un monde de dieux, et même il représente ce qui ensevelira les dieux même.

Il représente la misère, le malheur, toute infortune, la maladie, la mort, la fatalité qui frappera les dieux mêmes.

(Œdipe) avait commencé, il commençait comme un simple roi. Il continue par une mutation, par une promotion. Il monte. Il monte. Il achève comme un suppliant.

(Le père Edet) enseignait cette probité intellectuelle qui entraîne infailliblement la probité morale.

Il est très fréquent dans l'histoire que de très petites compagnies de petites gens de bien réussissent à faire ce qui a été refusé à de grandes compagnies de grands hommes de bien. Et naturellement il est encore plus fréquent que de très petites compagnies de petites gens de mal réussissent à faire ce que de très grandes compagnies de criminels n'avaient point obtenu.

VII, 8, 31 décembre 1905, *Louis de Gonzague.*

Depuis que je me connais, je n'ai jamais cessé de me proposer de rendre mon *maximum*, et je puis le dire, mon *optimum*.

Nous ne faisons rien de bon que par notre métier.

Je dois dire ici qu'il résulte d'une expérience de sept années, commencée même avant, qu'il n'y a pas un seul des auteurs qui veulent bien collaborer avec nous qui sache l'orthographe, j'entends qui la sache exactement et pleinement.

VII, 10, 28 janvier 1906, *Cahiers de la Quinzaine*.

Avoir un privilège, rêve de tout égalitaire, particulièrement de tout égalitaire français.

Je crois que tout l'effort d'une amitié digne de ce nom doit porter à disputer, fût-ce violemment, à arracher un ami à ce que l'on croit être l'erreur ou le crime.

VIII, 3, 4 novembre 1906, *situation faite... histoire et sociologie*.

Il n'y a rien de si contraire aux fonctions de la science que les fonctions de l'enseignement.

Un homme qui a de la probité, manquant d'instruments, a beaucoup plus de chances d'avoir accès à quelque vérité qu'un homme qui n'a que des instruments, manquant de probité.

De très grandes découvertes scientifiques, les plus grandes peut-être, au moins jusqu'ici, ont été faites avec des instruments qui aujourd'hui nous paraissent grossiers.

(L'Etat) se méfie de tout homme, et plus encore d'un fonctionnaire, qui a quelque sens de la réalité.

(Le philosophe) est un homme de difficultés, d'impossibilités, d'inhibitions, un homme d'arrêt.

Artistes et savants, descendent la facilité du fleuve ; et leur tournant le dos, les solitaires philosophes entreprennent de remonter.

Le génie n'est point du talent porté à un très haut degré, ni même à sa limite, mais il est d'un autre ordre que le talent.

Les artistes professionnels qui ont voulu se mêler de métaphysique y ont généralement fort mal réussi, et les savants, il faut leur faire cette justice, encore beaucoup plus mal, s'il est possible, que les artistes.

Tous les gens intelligents que nous connaissons, et cette engeance pullule à Paris en France, haïssent mortellement le génie et les œuvres du génie. C'est même le seul sentiment sincère qu'on leur connaisse.

(Les vérités) sont des personnes essentiellement compromettantes.

L'homme qui veut demeurer fidèle à la vérité doit se faire incessamment infidèle à toutes les incessantes, successives, infatigables renaissantes erreurs.

VIII, 5, 2 décembre 1906, *situation faite... parti intellectuel.*

Tout père sur qui son fils lève la main est coupable : d'avoir fait un fils qui levât la main sur lui.

Les négations métaphysiques sont des opérations métaphysiques, au même titre que les affirmations métaphysiques.

VIII, 11, 3 février 1907,
Cahiers de la Quinzaine.

Tout le monde a sa métaphysique. Les bons ont la métaphysique bonne. Les mauvais l'ont mauvaise. Les méchants l'ont méchante... Les politiciens l'ont politicienne. Les parlementaires l'ont parlementaire. Les imbéciles l'ont imbécile.

Ne pas prendre certaines positions, ne pas occuper certaines situations, c'est infailliblement en prendre et en occuper d'autres.

Un grand philosophe c'est un homme qui a découvert, qui a inventé quelque aspect nouveau, quelque réalité, nouvelle, de la réalité éternelle ; c'est un homme qui entre à son tour et pour sa voix dans l'éternel concert.

Il n'y a jamais d'étoiles doubles au ciel de la philosophie.

Un élève ne vaut, ne commence à compter que au sens et dans la mesure où lui-même il introduit une voix, une résonance nouvelle.

La métaphysique est peut-être la seule recherche de connaissance qui soit directe, littéralement, et la physique, au contraire, ne peut jamais être qu'une tentative de recherche de connaissance indirecte, administrée par le ministère des sens.

Une métaphysique, une philosophie, un art, une race, un peuple, est une réussite... Cela vient en événement, ou cela ne vient pas.

IX, 1, 6 octobre 1907, *situation faite... gloire temporelle.*

Quand un pauvre homme a la probité dans la peau, il est perdu. J'entends perdu pour les grandeurs. De toutes les tares qui s'attaquent aux os même et aux moelles, celle-ci est peut-être encore la plus irrémissible et celle qui pardonne le moins.

Ce n'est plus la barricade aujourd'hui qui discerne, qui sépare en deux le bon peuple de France... C'est un beaucoup plus petit appareil, mais infiniment plus répandu, surtout aujourd'hui, qu'on nomme *le guichet*.

(Le Collège de France) une maison qui non seulement n'a pas de dortoirs, mais qui sous la troisième République entendrait la liberté comme sous François Ier.

On pourrait presque dire que au fond, et malgré les apparences, l'Etat se plaît encore plus à avilir l'enseignement qu'à caser ses créatures.

C'est le fait du spirituel d'attendre... c'est souvent son propre, d'attendre jusqu'à la mort du titulaire. Et souvent même (beaucoup) plus loin.

X, 13, 20 juin 1909, *à nos amis, à nos abonnés.*

De plus en plus, d'année en année, et pour de longues années peut-être, le grand public s'abandonne et on l'abandonne, le public est abandonné à toutes les bassesses.

Nous sommes des vaincus. Le monde est contre nous... tout ce que nous avons défendu recule de jour en jour devant une barbarie, devant une inculture croissante, devant l'envahissement de la corruption politique et sociale.

Nul ne nie plus ce désordre, ce désarroi des esprits et des cœurs, la détresse qui vient, le désastre menaçant. Une débâcle.

C'est peut-être cette situation de désarroi et de détresse qui nous crée, plus impérieusement que jamais, le devoir de ne pas capituler.

C'est déjà beaucoup, c'est certainement le plus, c'est peut-être tout de *ne pas faire* de mal aussitôt que l'on veut seulement remuer le petit doigt.

Ce n'est pas tout que d'acquérir toujours. La vie est courte. Il vient un âge de produire.

La vie est brève et si l'on se tue dans l'expérience même et pour l'expérience, qui en produira jamais les résultats ?

Nous sommes une génération sacrifiée.

Toute la question est d'être bien placé. C'est le mystère même de la destinée, la destination de l'événement.

Valmy a été une petite bataille de rien du tout. Une canonnade. Un moulin, comme je vous le disais. Des chapeaux sur les baïonnettes... Et pourtant le canon de Valmy tonnera éternellement... Cent autres batailles, plus héroïques, infiniment plus difficiles, n'auront jamais le même retentissement

(Clio parle) : ce que j'aime par-dessus tout ce sont les médiocres. Je suis une espèce de suffrage universel en long.

L'amitié est une opération d'une fois.

XI, 12, 17 juillet 1910, *notre jeunesse.*

Nous sommes la dernière des générations qui ont la mystique républicaine

On prouve, on démontre aujourd'hui la République. Quand elle était vivante on ne la prouvait pas.

Qu'importe, nous disent les politiciens, professionnels... Nous avons désappris la République, mais nous avons appris de gouverner... Le gouvernement fait les élections, les élections font le gouvernement... Les populations regardent, le pays est prié de payer.

Si la République marche depuis quarante ans, c'est parce que tout marche depuis quarante ans. Si la République est solide en France, ce n'est pas parce que la République est solide en France, c'est parce que tout est solide partout.

(Le Suffrage universel). Des hommes ont souffert, des hommes sont morts, tout un peuple a vécu pour que le dernier des imbéciles aujourd'hui ait le droit d'accomplir cette formalité truquée.

Tout commence en mystique et finit en politique.

La question n'est pas que telle politique l'emporte sur telle ou telle autre... L'essentiel est que *dans chaque ordre, dans chaque système la mystique ne soit pas dévorée par la politique à laquelle elle a donné naissance.*

Quand on voit ce que la politique cléricale a fait de la mystique chrétienne, comment s'étonner de ce que la politique radicale a fait de la mystique républicaine.

La révolution française fonda un ordre nouveau. Que cet ordre nouveau ne valût pas l'ancien, c'est ce que beaucoup de bons esprits ont été amenés aujourd'hui à penser.

Le deuxième Empire fut l'installation au pouvoir d'une certaine bande, déconsidérée, très *moderne,* très *avancée,* nullement ancienne France, nullement ancien régime.

La domination radicale et radicale-socialiste est proprement un césarisme, nommément un multi-césarisme de comités électoraux.

Quand un homme de cœur, pour demeurer fidèle à une mystique, refuse d'entrer dans le jeu de la politique... les politiciens ont accoutumé de le nommer d'un petit mot bien usé aujourd'hui : volontiers ils le nommeraient traître... Qu'on le sache bien, c'est ce traître que nous avons toujours été et que nous serons toujours.

Il ne suffit pas de dire primaire, primaire... Il faut prendre garde que c'est sans aucun doute dans le supérieur aujourd'hui qu'il y a le plus de primaire.

Je connais, je pourrais citer moi tout seul, moi tout petit, cent cinquante professeurs de l'enseignement secondaire qui font tout, qui risquent tout, qui bravent tout, même et surtout l'ennui, le plus grand risque, la petite fin de carrière, pour maintenir, pour sauver tout ce qui peut encore être sauvé.

L'enseignement secondaire, tout démantelé qu'il soit, est encore la citadelle, le réduit de la culture en France.

Les mystiques sont beaucoup moins ennemies entre elles que les politiques, et elles le sont tout autrement.

Ne jamais rien écrire que de ce que nous avons éprouvé nous-mêmes.

Il n'y a pas, dans tous ces vieux cahiers, un mot que je changerais, excepté quatre ou cinq mots que je connais bien, sept ou huit mots de théologie qui pourraient donner matière à un malentendu, être interprétés à contre-sens, parce qu'ils sont au style indirect et que l'on ne voit pas assez dans la phrase qu'ils sont au style indirect.

Les politiques se rattrapent, croient se rattraper en disant qu'au moins ils sont pratiques et que nous ne le sommes pas. Ici même ils se trompent... Ce sont les mystiques qui sont même pratiques et ce sont les politiques qui ne le sont pas.

Toute la politique d'Israël est de ne pas faire de bruit dans le monde (on en a assez fait), d'acheter la paix par un silence prudent... Mais toute la mystique d'Israël est qu'Israël poursuive dans le monde sa retentissante et douloureuse mission.

Quant un prophète a parlé en Israël, tous le haïssent, tous l'admirent, tous le suivent. Cinquante siècles d'épée dans les reins les forcent à marcher.

(L'affaire Dreyfus) Le prophète, en cette grande crise d'Israël et du monde, fut Bernard-Lazare.

Il n'y a rien de commun entre le socialisme d'alors, notre socialisme, et ce que nous connaissons aujourd'hui sous ce nom.

Toutes les difficultés de l'Eglise viennent... de ce que l'atelier lui est fermé, et de ce qu'elle est fermée à l'atelier.

Toute la faiblesse, et peut-être faut-il dire la faiblesse croissante de l'Eglise dans le monde moderne, vient non pas comme on le croit de ce que la science aurait monté contre la Religion des systèmes soi-disant invincibles... tous ces raisonnements, tous ces systèmes, tous ces arguments pseudo-scientifiques ne seraient rien, ne pèseraient pas lourd s'il y avait une once de charité.

On fait beaucoup de bruit d'un certain modernisme intellectuel qui n'est pas même une hérésie, qui est une sorte de pauvreté intellectuelle moderne, un résidu, une lie... Cette pauvreté n'eut exercé aucuns ravages, elle eût été purement risible... s'il n'y avait point ce grand modernisme du cœur, ce grave, cet infiniment grave modernisme de la charité.

Il y a deux sortes de riches : les riches *athées*... et les riches *dévots*, qui *riches* n'entendent rien au christianisme. Alors ils le professent.

On n'a pas le droit de trahir les traîtres même. Les traîtres il faut les combattre, et non pas les trahir.

Ce qu'il y a de plus imprévu, c'est toujours l'événement. Il suffit d'avoir un peu vécu soi-même hors des livres des historiens pour savoir, pour avoir éprouvé que tout ce qu'on monte est généralement ce qui arrive le moins, et ce qu'on ne monte pas est généralement ce qui arrive.

(Les Juifs) Il ne sera pas dit qu'un chrétien n'aura pas porté témoignage pour eux... Depuis vingt ans je les ai éprouvés... Je les ai trouvés toujours solides au poste... d'un attachement, d'un dévouement, d'une piété inébranlable, d'une fidélité, à toute épreuve, d'une amitié vraiment mystique, d'un attachement, d'une fidélité inébranlable à la mystique de l'amitié.

Il faut toujours dire ce que l'on voit. Surtout il faut toujours, ce qui est plus difficile, voir ce que l'on voit.

Il y a des ordres apparents qui recouvrent, qui sont les pires désordres.

Tout au fond, nous étions des hommes du salut éternel et nos adversaires étaient des hommes du salut temporel. Voilà la vraie, la réelle division de l'affaire Dreyfus. Tout au fond, nous ne voulions pas que la France fût constituée en état de péché mortel.

La mystique républicaine, c'était quand on mourait pour la République, la politique républicaine, c'est à présent qu'on en vit

La seule valeur, la seule force du royalisme… c'est que le roi est plus ou moins aimé. La seule force, la seule valeur, la seule dignité de tout, c'est d'être aimé.

XII, 1, 23 octobre 1910, *Victor-Marie, comte Hugo.*

Heureux amis qui s'aiment assez pour (savoir) se taire ensemble.

Quarante ans est un âge terrible… Car c'est l'âge où nous devenons ce que nous sommes.

Je crois que l'on ne fait rien de si neuf, de si frais que certains jours de fatigue.

Etre peuple, il n'y a encore que ça qui permette de n'être pas démocrate.

(Les paysans) Ils *sentent* que l'ironie est grossière, que l'ironie est tout ce qu'il y a de plus grossier… qu'elle est tout ce qu'il y a de plus contraire au fin génie français.

On est si petit devant la réalité, si petit bonhomme. J'admire ces grands intellectuels qui, du fond de leur moleskine mènent la réalité à coups de bâton.

La vulgarité la pire de toutes, la vulgarité légère.

(Les enfants) On croit que c'est de l'amour paternel que de vouloir que leur vie soit la prolongation de la nôtre.

Un vers est toujours plus grand que plusieurs vers... Un mot est toujours plus grand que plusieurs mots.

Un mot n'est pas le même dans un écrivain et dans un autre. L'un se l'arrache du ventre. L'autre le tire de la poche de son pardessus.

Les pères de famille, ces grands aventuriers du monde moderne.

Le kantisme a les mains pures, mais il n'a pas de mains.

La France est une grande puissance musulmane, en Afrique. Quelle grande puissance elle serait, absolument, si elle était dans le monde, *subsidiairement*, une certaine puissance chrétienne.

XIII, 2, 24 septembre 1911, *un nouveau théologien*.

La pauvreté, le travail, la famille, ces trois piliers de toute vie.

Rien n'est aussi profondément apparenté au tragique que le comique.

Nous avons toujours continué dans le même sens... il n'y a dans notre carrière, dans notre vie aucun point de rebroussement (je ne le dis pas parce que c'est bien, je le dis parce que c'est vrai ; je ne dis aucunement que cela vaut mieux, je dis que cela est ainsi).

Nous avons constamment suivi, nous avons constamment tenu la même voie droite et c'est cette même voie droite qui nous a conduits où nous sommes... C'est par un approfondissement constant de notre cœur dans la même voie, ce n'est nullement par une évolution, ce n'est nullement par un rebroussement que nous avons trouvé la voie de chrétienté. Nous ne l'avons pas trouvée en revenant. Nous l'avons trouvée au bout.

Je ne juge pour ainsi dire jamais un homme sur ce qu'il dit mais sur le ton dont il le dit.

Non seulement la race des héros et la race des saints n'est pas la même. Mais ce sont deux races peu ou mal apparentées.

XIII, 4, 22 octobre 1911, *le porche du mystère de la deuxième vertu.*

Ce ne sont point les enfants qui travaillent.

Mais on ne travaille jamais que pour les enfants.

Celui qui aime se met, par cela même… dans la dépendance de celui qui est aimé.

XIV, 6, 16 février 1913, *l'argent.*

Rien n'est mystérieux comme ces sourdes préparations qui attendent l'homme au seuil de toute vie. Tout est joué avant que nous ayons douze ans.

Quand on dit le peuple, aujourd'hui, on fait de la littérature, et même une des plus basses, de la littérature électorale, politique, parlementaire. Il n'y a plus de peuple. Tout le monde est bourgeois.

En France tout le monde est radical. (Je ne dis pas dans le gouvernement, je dis dans la politique.) Le peu qui ne sont pas radicaux sont cléricaux, et c'est la même chose.

Tout le monde a une métaphysique. Patente, latente… Ou alors on n'existe pas. Et même ceux qui n'existent pas ont tout de même, ont également une métaphysique.

Disons les mots. Le modernisme est, le modernisme consiste à ne pas croire ce que l'on croit. La liberté consiste à croire ce que l'on croit et à admettre, (au fond, à exiger), que le voisin aussi croie ce qu'il croit.

Le plus beau métier du monde, après le métier de parent... c'est le métier de maître d'école et c'est le métier de professeur de lycée.

Que les instituteurs se contentent donc de ce qu'il y a de plus beau. Et qu'ils ne cherchent point à leur tour... à exercer un gouvernement spirituel : et un gouvernement temporel des esprits. Ce serait aspirer à descendre. C'est à ce jeu précisément que les curés ont perdu la France.

Ceci m'amène à une singulière question, et que je m'étonne que l'on n'ait jamais posée. Pourquoi les maîtres d'école ne font-ils pas des études... Je ne vois pas en quoi savoir du latin et du grec les empêcherait d'enseigner du français, et même d'enseigner en français.

XIV, 9, 27 avril 1913, *l'argent suite.*

Le monde est plein d'honnêtes gens. On les reconnaît à ce qu'ils font les mauvais coups avec plus de maladresse.

L'exactitude n'est ni la vérité ni la réalité. L'exactitude, c'est l'ἀχθίδεια. C'est du discernement.

C'est une erreur que de croire qu'un homme est inoffensif parce qu'il est apparemment un homme de cabinet.

Ce que l'on ne pardonne pas à Bergson, c'est d'avoir brisé nos fers.

Mettre, laisser de jeunes troupes sous de vieux chefs : la formule même du désastre.

XV, 8, 28 avril 1914, *note sur M. Bergson et la philosophie bergsonienne.*

Il faut renoncer à cette idée que le pathétique forme un royaume inférieur.

Il faut renoncer à cette idée que la passion soit trouble (ou obscure) et que la raison soit claire... On ne peut même pas dire que la passion est riche et que la raison et que la sagesse est pauvre.

Cessons... de considérer comme contradictoires en elles-mêmes des qualités qui précisément ne sont contradictoires que dans les classements des intellectuels.

De toutes les idées qui ont jamais été mises en forme de maximes, je crois que la plus fausse est sans aucun doute celle-ci, *que pour la passion tout le monde est bon.*

L'amour est plus rare que le génie même... Et l'amitié est plus rare que l'amour.

Il y a des intellectuels partout et il y a des intellectuels de tout. C'est-à-dire : il y a une immense tourbe d'hommes qui sentent par sentiments *tout faits*, dans la même proportion qu'il y a une immense tourbe d'hommes qui pensent par idées *toutes faites.*

Il y a aussi peu de peintres qui regardent que de philosophes qui pensent.

La philosophie bergsonienne veut que l'on pense sur mesure et que l'on ne pense pas tout fait.

Homère est nouveau ce matin, et rien n'est peut-être aussi vieux que le journal d'aujourd'hui.

Il y a des idées qui sont toutes faites pendant qu'on les fait, *avant qu'on les fasse.*

Les tables de Bacon n'ont jamais fait faire une invention ni une découverte.

L'homme aussi est cette ville assiégée. Le péché aussi est ce blocus parfaitement réglé. La grâce aussi est cette armée royale qui vient au secours. Mais il faut aussi que la liberté de l'homme fasse une sortie... et qu'elle aille au devant de cette armée de secours.

Une grande philosophie... n'est pas celle qui n'a pas de vide. C'est celle qui a des pleins.

Le véritable philosophe sait très bien qu'il n'est pas institué *en face* de son adversaire ; mais qu'il est institué *à côté* de son adversaire et des autres en face d'une réalité toujours plus grande et plus mystérieuse.

Une grande philosophie n'est pas celle qui prononce des jugements définitifs, qui installe une vérité définitive. C'est celle qui introduit une inquiétude, qui ouvre un ébranlement.

C'est dans les classes de philosophie que l'on vainc par des raisonnements. Mais la philosophie ne va pas en classes de philosophie.

Toute grande philosophie a un premier temps, qui est un temps de méthode, et un deuxième temps, qui est un temps de métaphysique.

De tout ce qu'il peut y avoir de mauvais, l'habitude est ce qu'il y a de pire.

C'est le propre du génie que de procéder par les idées les plus simples.

En temps ordinaire les idées simples rôdent comme des fantômes de rêve. Quand une idée simple prend corps, il y a une révolution.

Ce qu'il y a de plus contrarié au salut même, ce n'est pas le péché, c'est l'habitude.

Des milliers de créanciers répètent machinalement les effrayantes paroles : *Et dimitte nobis débita nostra, sicut et nos dimittimus debitoribus nostris.* Qu'un seul tout à coup, soudainement éclairé, les prenne au sérieux, ces paroles, les laisse comme lui entrer dedans, c'est instantanément la plus grande révolution qu'il puisse y avoir.

Il n'y a pas plus de philosophie contre la raison qu'il n'y a de bataille contre la guerre, d'art contre la beauté, de foi contre Dieu. Le bergsonisme n'a jamais été ni un irrationalisme ni un antirationalisme.

C'est un préjugé, mais il est absolument indéracinable... qui veut que de la raison raide soit plus de la raison que de la raison souple... Et surtout qu'une morale raide soit plus de la morale, qu'une morale souple. C'est comme si on disait que les mathématiques de la droite sont plus des mathématiques que les mathématiques de la courbe.

CLIO (œuvre posthume)

Les bourses ne donnent pas toujours de l'esprit à ceux qui les reçoivent : elles en donnent toujours à ceux qui les distribuent.

Quand on a l'honneur d'être malade, et le bonheur d'avoir une maladie qui vous laisse la tête libre... c'est alors, et alors seulement, qu'on est le lecteur idéal.

La lecture est l'opération commune du lisant et du lu.

C'est dans les petits traités de morale à deux sous... éducatifs, étatiques, sommaires, commodes, ecclésiastiques, d'encouragement... que tout s'arrange, que le juste est heureux sur terre, qu'il réussit, que la justice donc règne temporellement. Tout est organisé, au contraire, au plus profond pour que l'iniquité règne temporellement.

Malheur à l'auteur dont le champ du regard a reçu trop d'injures, a enregistré trop d'essais, a eu à publier trop d'amnisties, est écrasé de trop d'habitude.

On vous parlait hier aux *cahiers* de ce très grand peintre moderne et contemporain qui avait fait vingt-sept ou trente-cinq fois ses célèbres *Nénuphars*... Tous nous refaisons nos célèbres Nénuphars. Tous nous petits. Mais les plus grands génies du monde n'ont point procédé autrement. Et c'est peut-être en cela que consiste qu'ils aient été des génies, et les plus grands génies du monde.

Etant donné qu'un très grand peintre a peint vingt-sept et trente-cinq fois ses célèbres nénuphars... lesquels de ces vingt-sept et de ces trente-cinq nénuphars ont été peints le mieux. Le mouvement logique serait de dire : le dernier, parce qu'il savait (le) plus. Et moi je dis : au contraire, au fond, le premier, parce qu'il savait (le) moins.

(La philosophie bergsonienne) On ne saura jamais, jusqu'où vont les anticipations, les emprises de cette philosophie ; jusqu'où elle mord, jusqu'où elle avance ; jusqu'où elle annonce ; jusqu'où elle éclaire ; jusqu'où elle gagne de proche en proche ; jusqu'où elle mouille, comme une eau qui gagne un terrain ; jusqu'où elle éclaire ; jusqu'où en vont les lueurs secrètes, les lointaines projections de lumières, les occultes éclairements.

Le vieillissement est essentiellement organique... Naître, grandir, vieillir, devenir et mourir, croître et décroître, c'est tout un ; c'est le même mouvement ; le même geste organique.

Rien n'est aussi profond que la chanson populaire. Et il n'y a pas d'homme aussi sot que celui qui traiterait légèrement une chanson comme celle de Malbrou.

La véritable simplicité est de toutes les filles celle qui a le plus d'esprit.

Le *Barbier* et le Mariage ont bien pu contribuer à supprimer le droit d'aînesse. Mais ils n'ont pas pu contribuer à supprimer ce droit d'aînesse que le *Barbier* et le *Mariage* avaient sur cette petite cadette de *Mère coupable*.

C'est une fort grande idée... que d'avoir pensé à voir, dès 1792, qu'il venait de naître dans le monde une deuxième tartuferie, qui serait proprement celle de « l'humanité ».

Les professionnels de la jeunesse, c'est peut-être aussi triste que les professionnels de l'amour.

Je ne suis point démocrate, dit l'histoire. Je ne suis point aristocrate non plus, puisque je suis historienne. Je demanderais seulement qu'on distinguât entre les *petites gens* et les *gens du commun*. J'ai horreur des gens du commun. J'adore les petites gens. La piétaille à Valmy, la piétaille au Mont Saint-Jean, c'étaient des petites gens, ce n'étaient pas des gens du commun.

Le jeune homme est toujours un gentilhomme. L'enfant est toujours un gentilhomme. C'est ce qui vient après qui n'est plus gentilhomme.

On n'est jamais commandé, quand on ne veut pas. On est toujours commandé quand on veut.

(Clio parle) Vous avez touché ce temps où on se cachait encore, où on se cachait à moitié pour emporter sous son bras un exemplaire des *Châtiments*. C'est ce qui vous empêchera pour toute votre vie... de donner jamais dans aucune tyrannie temporelle, fût-elle radicale et fût-elle, derechef, cléricale.

Un manuscrit n'est point un absolu. Saurons-nous jamais combien de fois et en combien de langages et sous combien de formes l'œuvre s'est jouée avant que de tomber sur le papier.

Un auteur digne de ce nom vit dans un perpétuel affleurement. Une masse énorme (et non pas seulement des pensées) : des mondes veulent à chaque instant passer par la pointe de sa plume.

Il faut... que la main coure sous la tête, que la plume coure sous la pensée comme un cheval qu'on crève.

Aristote avait du bon... cette géométrie de cercles plus ou moins excentriques qui pouvaient plus ou moins se superposer... en somme, c'était un système de pensée qui souvent n'était pas beaucoup plus inexact que celui de la confusion

C'est l'homme de quarante ans qui est vieux. Le vieillard, lui, est historien.

L'homme qui est poète à vingt ans n'est pas poète, il est homme ; s'il est poète après vingt ans, alors il est poète.

Note conjointe (œuvre posthume)

Descartes, dans l'histoire de la pensée, ce sera toujours ce cavalier français qui partit d'un si bon pas.

Ces grands philosophes sont des explorateurs.

Ceux qui sont grands, ce sont ceux qui ont découvert des continents.

Aimer, c'est donner raison à l'être aimé qui a tort.

Comment peut-on ne pas être classique ?

Ils aimeraient bien Kant. Mais c'est lui qui ne se laisse pas aimer. Et puis, Königsberg est bien loin... Si encore il était né à Weimar.

Se vaincre soi-même, la seule défaite qui soit exacte et la seule qui soit totale... Quand on est vaincu par les autres... ils ne savent pas bien où faire le mal. Quand on se vainc soi-même, on sait où faire le mal avec une affreuse exactitude.

Combien de patiences ne sont que des moyens de ne pas souffrir... Combien de patiences ne sont que la plus savante, la plus impeccable tricherie avec la peine, c'est-à-dire avec l'épreuve, c'est-à- dire avec le salut.

Comme si ce n'était pas principalement le régime de la propriété moderne et le goût moderne de ce régime... qui fait périr, qui anéantit la famille et la race.

Les vers et la prose sont deux êtres différents et sans communication et dire la même chose en prose et en vers ce n'est pas dire la même chose.

Du bois mort c'est du bois extrêmement habitué, c'est du bois parvenu à la limite de l'habitude... la mort d'un être est son emplissement d'habitude, son emplissement de mémoire, c'est-à-dire son emplissement de vieillissement

Le déterminisme (dans la mesure où il est pensable)... n'est peut-être que la loi des résidus. La mémoire et l'habitude sont les fourriers de la mort.

Que la bataille livrée autour de M. Bergson et de la révolution bergsonienne soit à ce point furieuse, c'est dans l'ordre... Mais qu'elle soit à ce point livrée à l'envers, j'avoue que cela continue à me sembler une gageure.

Pour une tête un peu véritablement philosophe, le véritable problème n'est pas du plein, mais du vide ou plutôt des vides... C'est pour cela qu'il y a le problème du mal, et qu'il n'y a pas le problème du bien.

Beaucoup d'obscurités historiques, considérables, seraient éclairées peut-être, si l'on voulait bien distinguer qu'il y a deux races de la guerre et qui n'ont peut-être rien de commun ensemble... Il y a une race de la guerre qui est une lutte pour l'honneur et il y a une toute autre race de la guerre qui est une lutte pour la domination... Il y en a une qui tend à la chevalerie et une qui tend à l'empire.

Comme Bergson a raison, comme le langage est tout, (comme il ne devrait rien être).

S'il fallait renoncer à toutes les valeurs de l'homme et du monde à mesure que les politiciens s'en emparent et entreprennent de les exploiter, il y a longtemps qu'il n'y aurait plus rien.

C'est toute l'histoire de France que de savoir quel homme ce serait que le roi. Si ce serait le premier des barons ; ou le premier des maîtres.

Qu'est-ce qu'une pensée qui n'aurait pas de cœur. Et qu'est-ce qu'un cœur qui ne serait pas éclairé au soleil de la pensée.

Il est parfaitement vrai qu'il y a une philosophie, des systèmes que l'on a rendus insoutenables : ils seront donc soutenus, et même ils seront les plus soutenus... On les a rendus insoutenables pour la raison, mais on ne les a pas rendus insoutenables pour le pouvoir.

Le matérialisme est, en effet, devenu insoutenable. Mais le matérialiste se soutient très bien. Il est au pouvoir.

Bergson, et nul autre, nous a libérés de cette métaphysique du monde moderne qui entendait se présenter comme une physique.

Tout ce qui sera perdu par Bergson sera, non pas gagné par saint Thomas, mais regagné par Spencer.

NOTRE PATRIE

VII, 7, 17 décembre 1905,
les suppliants parallèles.

(Les socialistes français) Ils finiront peut-être par s'apercevoir que ce n'est point en Pologne que nous aurons à défendre les libertés polonaises, et toutes les libertés de tout le monde, mais tout simplement et tout tranquillement, si je puis dire, sur les bords de la Meuse.

Nous ne demandons pas à Bebel de ne pas défendre son pays dans une hypothèse gratuite imaginaire... Nous lui demandons de ne pas attaquer, de ne pas contribuer à attaquer le nôtre dans l'hypothèse réelle qui se présente aujourd'hui.

Il ne suffit pas de dire que nous sommes sous la menace militaire allemande. Il faut dire aujourd'hui que nous sommes sous la préparation militaire allemande. Et même, il faut dire aujourd'hui que nous sommes sous la promesse ferme militaire allemande.

Du côté militaire allemand, tout est offense ; du côté militaire français, tout est défense. Du côté insurrectionnel français, il y aurait, parmi les citoyens entraînés, quelques éléments, quelques hommes sérieux ; du côté insurrectionnel allemand, rien de sérieux : c'est un peuple de soumis et d'obéissants, pour ne pas dire plus, un peuple de nuques basses et de discipline passive. Nullement un peuple révolutionnaire. Tout le contraire d'un peuple révolutionnaire.

VII, 8, 31 décembre 1900, *Louis de Gonzague.*

On conte que saint Louis de Gonzague étant novice, pendant une récréation, ses camarades s'amusèrent — mettons, pour me plaire qu'ils jouaient à la balle au chasseur — s'amusèrent tout à coup à se poser cette question, qui doit faire le fond d'une plaisanterie traditionnelle de séminaire... : « Si nous apprenions tout d'un coup, en ce moment même, que le jugement dernier aura lieu dans vingt-cinq minutes,... qu'est-ce que vous feriez ?... » Alors les uns imaginaient des exercices, les autres imaginaient des prières,... tous couraient au tribunal de la pénitence... Louis de Gonzague dit : « Je continuerais à jouer à la balle au chasseur. »

Il ne dépend pas de nous, il ne dépend pas même de notre peuple que l'événement se déclenche ; pour maintenir la paix, il faut être au moins deux.

Il ne dépend pas de nous que l'événement se déclenche ; mais il dépend de nous d'y faire face.

Surtout gardons ce trésor des humbles, cette sorte de joie entendue qui est la fleur de la vie, cette sorte de saine gaieté qui est la vertu même et plus vertueuse que la vertu même.

X, 13, 20 juin 1909, *à nos amis, à nos abonnés.*

Les réalités militaires ont une importance du premier ordre, une importance fondamentale, comme soubassement des autres réalités.

Nul ne sait ce que sera demain, quel ordre de grandeur nous arrivera demain.

Nos antimilitaristes apprendront la guerre, et la feront très bien. Nos antipatriotes apprendront le prix d'une patrie charnelle, d'une cité, d'une race, d'une communion même charnelle, et ce que vaut, pour y appuyer une Révolution, un peu de terre.

XI, 12, 17 juillet 1910, *notre jeunesse.*

Notre socialisme même, notre socialisme antécédent, à peine ai-je besoin de le dire, n'était nullement antifrançais, nullement antipatriote, nullement antinational. Il était essentiellement et rigoureusement, exactement international.

Les antidreyfusistes et nous les dreyfusistes nous parlions le même langage... Nous parlions exactement le même langage patriote... Les antidreyfusistes professionnels disaient : Il ne faut pas être un traître et Dreyfus est un traître. Nous les dreyfusistes professionnels nous disions : il ne faut pas être un traître et Dreyfus n'est pas un traître.

XIV, 6, 16 février 1913, *l'argent*.

Depuis plusieurs années des symptômes se multiplient qui laissent entrevoir un avenir meilleur... Le bon sens de ce peuple n'est peut-être point tari pour toujours.

XIV, 9, 27 avril 1913, *l'argent suite*.

L'ennemi, pour nous, confusément tout l'ennemi, l'esprit du mal, c'était les Prussiens. Ce n'était déjà pas si bête. Ni si éloigné de la vérité. C'était en 1880 C'est en 1913. Trente-trois ans. Et nous y sommes revenus.

S'il s'agit de désarmement, que messieurs les Allemands commencent.

Il y a en Sorbonne (actuelle) et dans la nouvelle Ecole Normale un noyau de gens qui ne veulent pas du nationalisme, à moins qu'il ne soit allemand ; et du militarisme, à moins qu'il ne soit allemand,... et de l'impérialisme, à moins qu'il ne soit allemand ; et du colonialisme, à moins qu'il ne soit allemand. Nous demandons seulement que ces gens et que ce noyau ne fassent point un corps de l'Etat français.

Ce n'est peut-être pas trop demander.

C'est le soldat français et c'est le canon de 75... qui mesure à chaque instant la quantité de terre où on parle français.

Le spirituel est constamment couché dans le lit de camp du temporel.

Je suis l'homme le plus libéral du monde... Je ne dis pas que l'on est forcé de croire que l'on aura la guerre, mais je dis que c'est une folie de *garantir* que l'on ne l'aura pas.

Nous ne savons pas ce que sera demain. Mais nous savons très bien... que nous sommes résolus à ne pas tomber dans le ridicule comme en 1870.

Pourquoi nous demande-t-on de nous émouvoir pour tous les peuples opprimés, excepté pour un seul, qui est comme par hasard un peuple français.

En temps de guerre, il n'y a qu'une politique et c'est la politique de la Convention Nationale

Tous les régimes de faiblesse, tous les régimes de capitulation devant l'ennemi sont aussi ceux des plus grands massacres de la population militaire et de la population civile. Rien n'est meurtrier comme la faiblesse et la lâcheté. Rien n'est humain comme la fermeté.

Le droit ne fait pas la paix, il fait la guerre... Dès qu'un point de droit apparaît dans le monde, il est un point d'origine de guerre.

— Cette idée, cette stupidité que les rois font la guerre pour s'amuser. C'est toujours le *Roi s'amuse.*

Nous assistons indéniablement en ce temps-ci à une profonde et violente renaissance française.

Depuis que nous sommes sous la menace allemande, c'est-à-dire depuis 1905, nous avons toute la tension d'une crise extrêmement grave et en plus nous en avons la durée.

Nous avons l'impression très nette que nous arrivons à une culbutée.

C'est la paix armée au sens où on dit d'un fusil qu'il est armé.

Nous sommes tenus à la plus haute vertu du temps de guerre, qui est l'inconnaissance de demain.

XV, 4, 26 décembre 1913, Eve.

(Prière pour nous autres charnels)

Heureux ceux qui sont morts pour des cités charnelles.

Car elles sont le corps de la cité de Dieu.

Heureux ceux qui sont morts pour leur âtre et leur feu

Et les pauvres honneurs des maisons paternelles.

Car elles sont l'image et le commencement,
Et le corps et l'essai de la maison de Dieu.

Heureux ceux qui sont morts dans une juste guerre.

Heureux les épis mûrs et les blés moissonnés.

Heureux les grands vainqueurs. Paix aux hommes de guerre.

Que Dieu mette avec eux dans le juste plateau
Ce qu'ils ont tant aimé, quelques grammes de terre.

Qu'ils ne soient pas pesés comme Dieu pèse un ange.

Que Dieu mette avec eux un peu de cette fange.

Qu'ils étaient en principe et sont redevenus.

Seigneur, qui les avez pétris de cette terre,
Ne vous étonnez pas qu'ils soient trouvés terreux.

**note conjointe
(œuvre posthume).**

Nous croyons que tout un monde est intéressé dans la résistance de la France aux empiètements allemands. Et que tout un monde périrait avec nous. Et que ce serait le monde même de la liberté.

L'HISTOIRE

VI, 3, 30 octobre 1904, *Zangwill.*

L'historien moderne est devenu un Dieu.

(La méthode de Taine) est proprement la méthode de la grande ceinture.

L'humanité a presque toujours cru qu'elle venait justement de dire son dernier mot.

Aussi longtemps qu'un moderne, un historien poursuit toutes les indéfinités, toutes les infinités du détail... il est fidèle à lui-même... il ne produit pas ; aussitôt qu'il produit, fût-ce un article de revue... c'est qu'il est infidèle aux pures méthodes modernes, c'est qu'il choisit, c'est qu'il élimine, qu'il arrête la poursuite indéfinie du détail, qu'il fait œuvre d'artiste, et par les moyens de l'art.

VIII, 3, 4 novembre 1906, situation faite... histoire et sociologie.

Partout où l'histoire est incertaine, automatiquement et de la même incertitude la sociologie est incertaine...

Si je ne connais pas avec certitude un événement, il suit automatiquement que je ne puis pas même imaginer avec certitude une loi dont cet événement soit la matière.

C'est... une des erreurs capitales des temps modernes dans l'organisation du travail historique ; on attribue aux méthodes... une importance capitale, et si parfaitement totale qu'elles doivent suppléer à tout.

X, 13, 4 novembre 1906, *à nos amis, à nos abonnés.*

L'histoire est sporadique et elle ne donne que des cendres.

La réalité est ce qu'elle est... nullement ce qu'elle rend à l'enregistrement, ce qu'elle laisse aux mains des méthodes résiduelles.... nullement son propre résidu.

(L'histoire) c'est une pétrification.

XI, 12, 17 juillet 1910, *notre jeunesse.*

Ce que je nie, c'est que ceux qui sont apparents pour l'histoire, aient une grande importance dans les profondeurs de la réalité.

XII, 1, 23 octobre 1910, *Victor-Marie, comte Hugo.*

Des analyses totales, des analyses métaphysiques, des analyses (métaphysiquement) épuisantes, (de la réalité) dont les savants, dont les véritables savants ne se soucient point... ce sont nos nouveaux littéraires qui les veulent effectuer.

XIII, 2, 24 septembre 1911, *un nouveau théologien.*

L'histoire passe où elle veut... Ce sont toujours ceux qui ne s'y attendent pas, qui ne savent pas ce que c'est, qui sont frôlés, qui sont touchés, qui sont fauchés de la grande aile.

XIV, 6, 16 février 1913, *l'argent.*

Le *travail*, on le sait, consiste à démontrer que les héros et les saints n'existent pas. Si j'avais démontré que Jeanne d'Arc est une gourgandine, M. Langlois trouverait que je suis un grand écrivain.

XIV, 9, 27 avril 1913, *l'argent (suite).*

Qu'il y ait une autre compétence que celle qui résulterait de la méthode d'épuisement, qui le nie, c'est notre thèse même... Que la réflexion, les propos, le commerce, la méditation et tout un certain climat intellectuel, (et une simple bonne lecture des textes) fassent plus qu'un épuisement de documentation et qu'un épuisement de littérature que d'ailleurs on n'atteint, que d'ailleurs on n'obtient jamais, c'est cela qui est notre thèse.

Ils veulent bien diminuer saint Martin... Comment se fait-il que dans tous leurs immenses travaux ils n'aient jamais été conduits à augmenter personne.

Clio (œuvre posthume).

Nous savons bien que s'il fallait *épuiser la littérature* d'un homme et d'un sujet avant d'en écrire... et encore plus épuiser la réalité d'une question, ça nous mènerait loin. Nul ne verrait jamais le bout de rien. Nul ne verrait la fin du commencement. Quand je parle d'épuiser une question, tout le monde comprend bien... qu'il ne s'agit que de perlustrer, d'arroser du regard, de parcourir un certain nombre, généralement considérable, de documents, de recenser un nombre, qu'il faut énorme, de monuments. Du moment que c'est gros, pour moi c'est comme si c'était complet. Un livre, un ouvrage, un travail énorme ne peut pas ne pas être épuisant. Il inspire une sorte de respect, et d'effroi... qui remplace avantageusement pour moi le respect de la réalité.

Si dur que soit ce marbre du Pentélique et quelle qu'en soit la patine séculaire, jaune, chaude, blonde, paille, dorée, de vingt-quatre et de vingt-six siècles de soleil dorée... ce marbre reçoit d'autres atteintes, et il reçoit incessamment ou incessamment il perd une autre patine.

Si dur que soit ce marbre de Paros... incessamment nos regards feront ou déferont l'Aphrodite antique.

Il est effrayant de penser... que nous avons le droit de faire une mauvaise lecture d'Homère.

Courir ce risque, être entre toutes les mains ; les plus grossières... ou courir ce risque pire, au contraire, le risque suprême : n'être plus en aucunes mains. C'est-à-dire, au fond, la maladie, ou la mort. Telle est la commune mesure historique.

Or ceci... d'avoir à faire ce choix, entre l'avilissement et la mort... c'est la plus haute fortune de l'homme, hors le salut... Pour être appelés entre tous à pouvoir opérer ce misérable choix... des millions d'hommes inexplorés sont morts.

Quand un parti est victime d'un coup de force, notamment d'un coup de force politique, qui sous le nom d'insurrection est le plus sacré des devoirs quand il vient d'en bas et sous le nom de coup d'Etat est plus exécrable des abus quand il vient d'en haut... il fait appel volontiers au jugement de l'histoire.

Quand une génération présente fait appel à l'histoire, c'est-à-dire plutôt à la postérité... elle se voit seule sous le regard d'une infinité infiniment croissante de générations ultérieures.

L'histoire

C'est le contraire. C'est chacune des générations juges, des générations ultérieures qui est une en face, en présence de toutes les générations passées. Ce n'est pas un homme qui est le point de mire d'une ligne de feu infiniment croissante. C'est un homme successif qui s'épuise à tirer sur une ligne de mire indéfiniment accrue.

Avec le sens qu'ils donnent aujourd'hui à ce mot *histoire*, avec leur méthode et leur système de fiches, ne parlons point d'aboutir, ne parlons point d'achever, nous n'arrivons pas même à commencer.

Il me faut une journée pour faire l'histoire d'une seconde. Il me faut une année pour faire l'histoire d'une minute. Il me faut une vie pour faire l'histoire d'une heure. Il me faut une éternité pour faire l'histoire d'un jour. On peut tout faire, excepter l'histoire de ce que l'on fait.

Quand il s'agit d'histoire ancienne, on ne peut pas faire d'histoire parce qu'on manque de références. Quand il s'agit d'histoire moderne on ne peut pas faire d'histoire parce qu'on *regorge* de références.

L'homme qui fait sa prière est plein. L'homme qui reçoit un sacrement est plein. L'homme qui meurt est plein. Mais l'homme qui se remémore n'est jamais plein.

(Michelet) Quand il dit *l'histoire est une résurrection* et quand on le dit tant après lui on veut dire très exactement qu'il ne faut pas passer *au long* du cimetière, ni au long du mur du cimetière, ni même au long des *monuments*, mais que restant situé dans la même race, et charnelle et spirituelle et éternelle, il s'agit d'évoquer simplement les *anciens*.

L'histoire consiste essentiellement à passer au long de l'événement. La mémoire consiste essentiellement, étant dans l'événement, avant tout à n'en pas sortir, à y rester, et à le remonter en dedans.

LE MONDE MODERNE

VI, 3, 30 octobre 1904, *Zangwill.*

Nous croyons tous plus ou moins obscurément que l'humanité commence au monde moderne.

Tout le monde moderne est dans Renan ; on ne peut ouvrir du Renan sans qu'il en sorte une immensité de monde moderne.

VII, 7, 17 décembre 1905, *les suppliants parallèles.*

L'humanité grecque meurt aujourd'hui sous nos yeux. Ce que n'avaient pu obtenir les invasions, ni les pénétrations d'aucuns barbares, ce que n'avait pas obtenu le temps même, infatigable démolisseur, le passager triomphe de quelques démagogies politiciennes, est en train de l'effectuer sous nos yeux.

Par une simple altération, par une simple prétendue réforme des programmes de l'enseignement secondaire français, par le triomphe passager de quelques maniaques modernistes et scientistes français, généralement radicaux, quelques-uns socialistes professionnels, toute une culture, tout un monde... disparaît tout tranquillement et tout posément sous nos yeux de la face du monde et de la vie de l'humanité. Sous nos yeux, par nos soins disparaît la mémoire de la plus belle humanité.

Le triomphe des démagogies est passager. Mais les ruines sont éternelles.

VIII, 5, 2 décembre 1906, *situation faite... parti intellectuel.*

Les intellectuels modernes, le parti intellectuel moderne a infiniment le droit d'avoir une métaphysique, une philosophie, une religion, une superstition tout aussi grossière et aussi bête qu'il est nécessaire pour leur faire plaisir... Mais ce qui est en cause... c'est de savoir si l'Etat moderne a le droit et si c'est son métier... d'adopter cette métaphysique, de se l'assimiler, de l'imposer au monde en mettant à son service tous les énormes moyens de la gouvernementale force.

Quand donc aurons-nous enfin la séparation de la métaphysique et de l'Etat.

Quand donc nos Français ne demanderont-ils à l'Etat et n'accepteront-ils de l'Etat que le gouvernement des valeurs temporelles ? Ce qui est déjà beaucoup, et peut-être trop.

VIII, 11, 3 février 1907,
Cahiers de la Quinzaine.

Tout ce qu'on nomme la science pure, c'est-à-dire le jeu des systèmes et des hypothèses, des explications et des théories, tout cela est plein, est bondé, est bourré des plus anciennes mythologies physiques et métaphysiques.

Descartes n'a point battu Platon comme le caoutchouc creux a battu le caoutchouc plein, et Kant n'a point battu Descartes comme le caoutchouc pneumatique a battu le caoutchouc creux.

De ce que les pratiques avancent par un progrès linéaire ininterrompu continu ou discontinu, il ne suit nullement... qu'il y ait un progrès des théories, et surtout que ce progrès soit un progrès linéaire.

L'humanité dépassera les premiers dirigeables comme elle a dépassé les premières locomotives. Elle dépassera M. Santos-Dumont comme elle a dépassé Stephenson. Après la téléphotographie elle inventera tout le temps des graphies et des scopies et des phonies, qui ne seront pas moins *télé* les unes que les autres, et l'on pourra faire le tour de la terre en moins de rien. Mais ce ne sera jamais que de la terre temporelle... On ne voit pas que nul homme jamais, ni aucune humanité... puisse intelligemment se vanter d'avoir dépassé Platon. Je vais plus loin. J'ajoute qu'un homme cultivé, vraiment cultivé, ne comprend pas, ne peut pas même imaginer ce que cela pourrait bien vouloir dire que de prétendre avoir dépassé Platon.

La Renaissance, fut une véritable merveille dans l'histoire de l'humanité. Elle n'en était pas moins fort incomplète. Et nous pouvons voir aujourd'hui, nous pouvons mesurer combien elle aura été précaire.

IX, 1, 6 octobre 1907, *situation faite... gloire temporelle.*

On oublie trop que le monde moderne, sous une autre face, est le monde bourgeois, le monde capitaliste. C'est même un spectacle amusant que de voir comment nos socialistes antichrétiens, particulièrement anticatholiques, insoucieux de la contradiction, encensent le même monde sous le nom de moderne et le flétrissent, le même sous le nom de bourgeois et de capitaliste.

A l'avènement des temps modernes, une grande quantité de puissances de force, la plupart même sont tombées, mais loin que leur chute ait servi aucunement aux puissances d'esprit, en leur donnant le champ libre, au contraire la suppression des autres puissances de force n'a guère profité qu'à cette puissance de force qu'est l'argent.

Quand nous disons moderne... nous nommons un temps très déterminé... dont assurément le monde verra la fin... si nous n'avons pas, nous, quand même nous n'aurions pas ce bonheur, nous-mêmes, que nous n'avons peut-être encore pas mérité, que nous n'avons sans doute pas obtenu.

Vingt, trente générations (annuelles) de Français sans compter les suivantes, et celles qui viennent, d'avance, croient qu'en effet ça s'est fait comme ça. Que c'est comme ça. Que tous les gens, sans aucune exception depuis le commencement du monde, qui toutefois n'a pas été créé, jusqu'au trente et un décembre dix-sept cent quatre-vingt-huit, — après la naissance du Christ, — à minuit ont été de foutues bêtes... et que le premier janvier dix-sept cent quatre-vingt-neuf, à minuit zéro minute zéro seconde un dixième de seconde, — et encore les vrais savants ne s'arrêtent pas au dixième de seconde — tout le monde a été créé splendide, tout le monde, excepté, bien entendu, les réactionnaires.

Le monde moderne avilit. Il avilit la cité, il avilit l'homme. Il avilit l'amour ; il avilit la femme. Il avilit la race ; il avilit l'enfant. Il avilit la nation ; il avilit la famille. Il avilit même, il a réussi à avilir ce qu'il y a peut-être de plus difficile à avilir au monde : il avilit la mort.

X, 13, 20 juin 1909, *à nos amis, à nos abonnés*

La dissolution de l'empire romain... n'était rien en comparaison de la dissolution de la société présente... Il y avait sans doute beaucoup plus de crimes et encore un peu plus de vices. Mais il y avait aussi infiniment plus de ressources. Cette pourriture était pleine de germes. Ils n'avaient pas cette sorte de promesses de stérilités que nous avons aujourd'hui.

XI, 12, 17 juillet 1910, *notre jeunesse.*

Le monde moderne ne s'oppose pas seulement à l'ancien régime français, il s'oppose, il se contrarie à toutes les anciennes cultures ensemble, à tous les anciens régimes ensemble, à toutes les anciennes cités ensemble, à tout ce qui est culture, à tout ce qui est cité. C'est... la première fois dans l'histoire du monde que tout un monde vit et prospère, *paraît* prospérer *contre toute culture.*

La Révolution est éminemment une opération de l'ancienne France. La date discriminante n'est pas le premier janvier 1789, entre minuit et minuit une. La date discriminante est située aux environs de 1881.

Le sabotage d'en haut est de beaucoup antérieur au sabotage d'en bas.

Le dernier des serfs était de la même chrétienté que le roi. Aujourd'hui, il n'y a plus aucune cité. Le monde riche et le monde pauvre vivent ou enfin font semblant comme deux masses, comme deux couches horizontales séparées par un vide, par un abîme d'incommunication.

Dans le monde moderne tout le monde souffre du mal moderne.

XII, 1, 23 octobre 1910, *Victor-Marie, comte Hugo.*

Un homme qui défend le français, le latin, ou le grec, ou simplement l'intelligence est un homme perdu.

XIII, 2, 24 septembre 1911, *un nouveau théologien.*

C'était au commencement de l'affaire Dreyfus que j'ai entendu dire à l'Ecole Normale, passant le seuil de la porte, pour entrer : « J'espère qu'à présent on va foutre tout ça en l'air. On commence à nous emm... avec Corneille et Racine »... Il voulait dire que nous autres, jeunes gens, nous allions employer notre victoire et notre force à démolir ce qui est la France même.

De tels mots forment la jeunesse.

XIV, 6, 16 février 1913, *l'argent*.

On peut dire, dans le sens le plus rigoureux des termes, qu'un enfant élevé dans une ville comme Orléans, entre 1873 et 1880, a littéralement touché l'ancienne France.

Le monde a moins changé depuis Jésus-Christ qu'il n'a changé depuis trente ans.

Le croira-t-on, nous avons été nourris dans un peuple gai... De mon temps, tout le monde chantait.

Nous croira-t-on... nous avons connu des ouvriers qui avaient envie de travailler.

L'idée qu'on aurait pu abîmer des outils exprès ne leur eût pas même semblé le dernier des sacrilèges... c'eût été comme si on leur eût parlé de se couper la main.

Notez qu'aujourd'hui au fond ça ne les amuse pas de ne rien faire sur les chantiers... Comme leurs pères ils entendent ce sourd appel du travail qui veut être fait. Et au fond ils se dégoûtent d'eux-mêmes, d'abîmer les outils. Mais voilà, des messieurs très bien, des savants, des bourgeois leur ont expliqué que c'était ça le socialisme, et que c'était ça la révolution.

On ne saurait trop le redire. Tout le mal est venu de la bourgeoisie... Je dis expressément la bourgeoisie capitaliste et la grosse bourgeoisie.

La bourgeoisie laborieuse au contraire, la petite bourgeoisie est devenue la classe la plus malheureuse de toutes les classes sociales, la seule aujourd'hui qui travaille réellement, la seule qui par suite, ait conservé intactes les vertus ouvrières, et pour sa récompense la seule enfin qui vive réellement dans la misère.

Des ouvriers embourgeoisés (les pires des bourgeois).

L'intrépidité de ces beaux cavaliers est admirable... Alexandre et César, David et Charlemagne ne les font pas trembler... Mais ils tremblent devant M. Lavisse... Ils ne veulent pas qu'on dise la messe, mais ils veulent bien célébrer la cérémonie Lavisse.

Seule, vous le savez, que l'argent seul est maître.

XV, 4, 28 décembre 1913, *Eve.*

Et qu'il a mis son trône à la place de Dieu

Clio (œuvre posthume).

La sagesse antique : cette invention unique... née d'un seul peuple et poussée, tiédie, fomentée d'une seule terre pour l'humanité.

(Clio parle) Tout ce qu'il avait pour lui, mon pauvre père, et il ne s'en doutait peut-être pas,... c'est que pas un naufragé ne tendait sur la mer ses mains suppliantes, vers quelque trirème lointaine entre-aperçue au ras des flots... pas un hôte, pas un voyageur, pas un navigateur, pas un pèlerin, pas un criminel ne se présentait au seuil d'une porte sans que la majesté de mon père le revêtît d'un impérissable manteau... Voilà ce qui le sauve, le pauvre vieux.

Le grand triomphe du monde moderne : épargne et capitalisation, avarice, ladrerie, économie(s), cupidité, dureté de cœur, intérêt(s) ; caisse d'épargne et recette buraliste.

La théorie du progrès revient essentiellement à être une théorie de caisse d'épargne... C'est un escabeau... Malheureusement pour ce système... la réalité ne monte point aussi facilement à l'échelle.

Il y a une affinité, une parenté extrêmement profonde entre le (monde) moderne et le non organique et l'*argent* ; comme il y a une affinité, une parenté infiniment profonde et qui va infiniment loin entre le christianisme et l'organique (la *vie* éternelle) et la pauvreté.

Les abus de l'ancien régime... On n'a jamais mis un régime par terre parce qu'il commettait des abus. On met un régime par terre parce qu'il se détend.

Les abus de l'ancien régime... nous en avons supporté bien d'autres, depuis... Dans ses plus grands abus, l'ancien régime n'a jamais été le règne de l'argent... le régime moderne est le règne de l'argent... Le règne inexpiable de l'argent.

(Clio parle) Ecrivez-nous un Homère, *essai sur la pureté antique*... Nous finissons par être excédées,... de toutes les sottises que les modernes débitent sur notre compte... Rien n'était aussi pur que la cité antique et le foyer antique et je dirai rien n'était aussi pieux et je dirai rien n'était aussi sacré... Il est temps de le dire, Péguy, et il faut leur expliquer cela : *la beauté antique n'a pas toujours été dans des cuisses russes.*

D'une âme païenne on peut faire une âme chrétienne. Mais eux, qui ne sont rien, ni anciens ni nouveaux, ni plastiques ni musiciens, ni spirituels ni charnels, ni païens ni chrétiens, eux, ces morts vivants, qu'en ferons-nous ?

Il y a dans Homère... un certain ciel et une toute autre terre... Le ciel n'est pas le ciel de cette terre-là... Les dieux ne sont pas les dieux de ces hommes-là... Vous m'entendez très bien, Jésus est *du* dernier des pécheurs et le dernier des pécheurs est *de* Jésus. C'est le même monde. Eux, leurs dieux ne sont pas d'eux, et ils ne sont pas de leurs dieux.

Oui, l'homme envie aux dieux leur éternelle jeunesse, leur éternelle beauté... Mais il devient très vite évident que cette envie même est comme noyée dans un certain mépris propre... Mépris de quoi ?... Mépris de ce qu'ils n'ont point la triple grandeur de l'homme, la mort, la misère, le risque.

Périr inachevés dans un combat militaire... Voilà ce qu'il manque aux dieux.

**note conjointe
(œuvre posthume).**

Le moderne est un journal, et non pas seulement *un* journal mais nos malheureuses mémoires modernes sont de malheureux papiers savatés sur lesquels on a, sans changer le papier, imprimé tous les jours le journal du jour.

Si à chaque jour suffit sa peine, pourquoi assumer aujourd'hui la peine de demain.

Celui qui épargne, qui économise de l'argent pour ses vieux jours, est rigoureusement celui qui est prodigue, et un mauvais prodigue. Car il engage, il aliène sa liberté, sa fécondité, qui sont les véritables biens... Tout un peuple peut engager sa liberté, aliéner sa fécondité, vendre sa race, pour acheter des rentes sur l'Etat. Mais quand il n'y aura plus de peuple et de race, où sera l'Etat

Celui qui épargne de l'argent est le dilapidateur de ce qu'il a vendu pour avoir de l'argent... Et au contraire, c'est le charitable qui est le vrai avare et qui entasse des biens...

Il amasse du bien, dit-on. Non, il amasse ce pour quoi il a vendu son bien.

Ce que tout un peuple fait coucher sur les registres des livrets de caisse d'épargne, c'est l'argent pour lequel il a vendu sa race.

Je l'ai dit depuis longtemps. Il y a le monde moderne... Pour la première fois dans l'histoire du monde les puissances spirituelles ont été toutes ensemble refoulées non point par les puissances matérielles mais par une seule puissance matérielle qui est la puissance de l'argent... Pour la première fois dans l'histoire du monde, l'argent est maître sans limitation ni mesure.

La lutte n'est pas entre tel ou tel autre monde et le monde moderne. La lutte est entre tous les autres mondes ensemble et le monde moderne.

Tous les autres mondes... ont été des mondes de quelque spiritualité. Le monde moderne seul, étant le monde de l'argent, est le monde d'une totale et absolue matérialité.

LA FOI

XI, 6, 16 janvier 1910, *le mystère de la charité de Jeanne d'Arc.*

Celui qui manque trop du pain quotidien n'a plus aucun goût au pain éternel, au pain de Jésus- Christ.

Il y a la communion des saints ; et elle commence à Jésus ; il est dedans. Il est la tête. Toutes les prières, toutes les épreuves ensemble, tous les travaux, tous les mérites, toutes les vertus ensemble de Jésus et de tous les autres saints ensemble, toutes les saintetés ensemble travaillent et prient pour tout le monde ensemble, pour toute la chrétienté, pour le salut du monde. Ensemble.

Il ne faut pas sauver son âme comme on sauve un trésor.

Il faut se sauver ensemble. Il faut arriver ensemble chez le bon Dieu. Il faut se présenter ensemble. Il ne faut pas arriver, trouver le bon

Dieu les uns sans les autres. Il faudra revenir tous ensemble dans la maison de notre père.

(Hauviette) Le jeu des créatures est agréable à Dieu. L'amusement des petites filles, l'innocence des petites filles est agréable à Dieu. L'innocence des enfants est la plus grande gloire de Dieu.

(Hauviette) Tout est à Dieu, tout regarde Dieu, tout se fait sous le regard de Dieu ; toute la journée est à Dieu. Toute la prière est à Dieu, tout le travail est à Dieu ; tout le jeu aussi est à Dieu, quand c'est l'heure de jouer. Je suis une petite Française, je n'ai pas peur de Dieu, parce qu'il est notre père. Mon père ne me fait pas peur.

(Hauviette) Quand j'ai bien fait ma tâche et bien fait ma prière, il m'exauce à sa volonté ; ce n'est pas à nous, ce n'est à personne à lui en demander raison.

(Hauviette) L'appétit aux repas. L'appétit aux prières.

Comme vous autres, paroisses, vous avez pour patrons saint Crépin et saint Crépinien, tout de même, Bethléem, tu as pour patron saint Jésus.

(L'Incarnation) La seule histoire intéressante qui soit jamais arrivée.

Une paroisse a brillé d'un éclat éternel. Mais toutes les paroisses brillent éternellement, car dans toutes les paroisses il y a le corps de Jésus-Christ.

Ils démolissent les églises. Nous en rebâtirons toujours. Nous rebâtirons toujours des églises de pierre... Mais il y a une Eglise qu'ils n'atteindront pas... Il y a une Eglise éternelle. Qu'ils n'atteindront jamais.

Il ne peut y avoir que deux races de souffrance : la souffrance qui n'est pas perdue, et la souffrance qui est perdue.

> Il était trop grand parmi les docteurs...
> Il avait trop manifesté qu'il était Dieu.
> Les docteurs n'aiment pas ça...
> Il les avait sûrement blessés ce jour-là.
> A douze ans...
> A trente-trois ans ils l'avaient rattrapé.
> Les docteurs ont la mémoire longue.

(Les premiers saints) Ils eurent à débarbouiller la terre... comme un enfant souillé.

(Les premiers chrétiens) Où il n'y avait rien ils firent tout. Et où il y a tout, c'est à peine si nous faisons quelque chose... Et où il y a tout, ce qu'il y a, nous le perdons.

Le reniement de Pierre, le reniement de Pierre. Vous n'avez que ça à dire, le reniement de Pierre... Pierre l'a renié trois fois. Et puis après. Nous, nous l'avons renié des centaines et des milliers de fois pour le péché, pour les égarements du péché, dans les reniements du péché... Un coq a chanté pour Pierre ; combien de coqs chantent pour nous ; la race n'en est pas perdue...

Seulement nous ne les entendons pas, ceux-là, nous ne voulons pas les entendre.

Il faut prier pour soi dans les autres, parmi les autres, dans la communion de tout le monde.

Jésus a prêché ; Jésus a prié ; Jésus a souffert. Nous devons l'imiter dans toute la mesure de nos forces... nous devons tâcher, de toutes nos forces humaines à dire, à communiquer du mieux que nous pouvons la parole divine ; nous devons tâcher de toutes nos forces humaines à prier du mieux que nous pouvons selon la parole divine ; nous devons tâcher de toutes nos forces humaines à souffrir du mieux que nous pouvons, et jusqu'à la souffrance extrême sans nous tuer jamais, tout ce que nous pouvons de la souffrance humaine.

Il y a dans le ciel un trésor de grâce, elle coule éternellement et elle est éternellement pleine : voilà ce que les docteurs de la terre n'ont pas compris.

Il y a un trésor des souffrances, un trésor éternel des souffrances. La passion de Jésus l'a empli d'un seul coup. Et pourtant il attend toujours que nous l'emplissions, voilà ce que n'ont pas compris les docteurs de la terre.

Il y a un trésor des prières. Jésus, cette fois, d'un seul coup, cette première fois Jésus l'emplit. Et il attend toujours que nous le remplissions, voilà ce que n'ont pas compris les docteurs de la terre.

Il y a un trésor des mérites. Il est plein, il est tout plein des mérites de Jésus-Christ. Il est infini et pourtant nous pouvons y ajouter, voilà ce que n'ont pas compris les docteurs de la terre.

— Il y a un trésor des promesses. D'un seul coup, du premier coup, Jésus a tenu toutes les promesses... Et éternellement, c'est de nous, c'est aussi de nous, c'est finalement de nous qu'elles attendent leur accomplissement, qu'elles attendent leur couronnement.

Quand j'ai fait ma prière et bien fait ma souffrance, il m'exauce à sa volonté : ce n'est pas à nous, ce n'est à personne à lui en demander raison.

XI, 12, 17 juillet 1910, *notre jeunesse.*

Les raisons les plus profondes nous forcent à penser que la génération suivante... qui bientôt sera la génération de nos enfants, va être enfin une génération mystique.

Je hais une pénitence qui ne serait point une pénitence chrétienne.

La justice et la vérité que nous avons tant aimées, à qui nous avons donné tout, notre jeunesse... n'étaient point des vérités et des justices de concept... elles étaient organiques, elles étaient chrétiennes... Et de tous les sentiments qui ensemble nous poussèrent... une vertu était au cœur, et c'était la vertu de charité.

Il est incontestable que dans tout notre socialisme même, il y avait infiniment plus de christianisme que dans toute la Madeleine ensemble avec Saint-Pierre de Chaillot, et Saint-Philippe-du-Roule, et Saint-Honoré-d'Eylau. Il était essentiellement une religion de la pauvreté temporelle.

XII, 1, 23 octobre 1910, *Victor-Marie, comte Hugo.*

Je suis trop chrétien... pour n'avoir pas une horreur invincible du jugement... Ne jugez pas afin que vous ne soyez pas jugés, c'est une des paroles les plus redoutables qui aient été prononcées, l'une de celles qui me sont partout présentes.

L'homme baigne dans l'accident et dans le péché.

XIII, 2, 24 septembre 1911, *un nouveau théologien.*

Il est évident qu'il y a infiniment plus de saints obscurs que de saints publics.

Un très grand nombre de saints n'ont pas eu de vie publique et la gloire du ciel est la première qu'ils aient touchée.

Jésus est essentiellement le Dieu des pauvres, des misérables, des ouvriers, par conséquent de ceux qui n'ont pas une vie publique... on voit dans le ciel infiniment plus de petites gens que de directeurs de revue.

Tout atelier chrétien est une image de l'atelier de Nazareth.

C'est une des propositions les plus fermes de notre foi que les mesures éternelles ne sont aucunement les mesures temporelles.

Un pauvre homme dans son lit, le dernier des malades peut au regard de Dieu (et la chrétienté tout entière l'ignorant jusqu'au jugement) mériter secrètement plus que le plus glorieux des saints.

Une liaison si parfaite unit le dernier des membres au chef couronné que le dernier des malades, dans son lit, est admis à imiter la souffrance même de Jésus en croix... le dernier des malades peut par une sorte d'affectation à Dieu, de consécration à Dieu, tourner sa maladie en martyre, faire de sa maladie la matière même d'un martyre.

Jésus a créé pour nous le modèle parfait de l'obéissance filiale et de la soumission dans le même temps qu'il créait pour nous le modèle parfait du travail manuel et de la patience.

L'obéissance, la soumission de tous les jours de Jésus à Joseph et à Marie annonçait, représentait, anticipait l'effrayante obéissance et soumission du Jeudi-Saint.

Tout le monde sent bien que les pauvres et les obscurs sont les favoris dans le royaume de Dieu. Ça en serait presque injuste s'il n'était loisible à tout le monde d'être pauvre.

Au fond pour le chrétien, il n'y a point de privé ni de public, tout se passant également sous le regard de Dieu.

Il faut une religion pour le peuple... ce qui est bien, en un sens, l'injure la plus profonde que l'on ait jamais adressée à notre foi.

Honte à celui qui a honte... honte à celui qui renierait son Dieu pour ne point faire sourire les gens d'esprit... l'homme qui n'a qu'un souci, qui n'a qu'une pensée : ne pas faire sourire M. Anatole France... l'homme dont le regard demande pardon d'avance pour Dieu ; dans les salons.

La maladie fait partie si intégrale du mécanisme de la sainteté que l'on ne sait pas si les saints malades ne sont pas les plus grands d'entre les saints... on ne sait pas si un saint comme saint Louis est plus grand comme roi, comme croisé, ou comme malade.

Quand on parle des *voix* de Jeanne d'Arc on parle très précisément ; on sait très bien ce que l'on veut dire... On veut dire saint Michel, sainte Catherine, sainte Marguerite... On ne veut point dire des extériôrisâtions de sensâtions... Il ne s'agit point d'objectivation et de projection au dehors et de tout le tremblement. Il ne s'agit point de sortir tous les appareils du laboratoire... il s'agit de saint Michel, de sainte Catherine, et de sainte Marguerite.

Nos saints ne sont pas des fous ; particulièrement ils ne sont pas des hallucinés... nous n'allons pas chercher nos saints à la Salpêtrière.

Combattues plus que jamais, battues de tous les vents de nombreuses fidélités fleurissent.

Miles Christi, tout chrétien est aujourd'hui un soldat ; le soldat du Christ. Il n'y a plus de chrétien tranquille. Ces croisades que nos pères allaient chercher jusque sur les terres des Infidèles... ce sont elles aujourd'hui qui nous ont rejoints au contraire... et nous les avons à domicile. Nos fidélités sont des citadelles.

La foi

Nous sommes aussi bêtes que saint Augustin et que saint Paul, que saint Louis et que saint François, et que Jeanne d'Arc, et pourquoi ne pas le dire que Pascal et que Corneille.

Nous autres nous ne faisons *aucun progrès*. Ce sont les modernes qui font des progrès. Nous sommes bêtes une fois pour toutes.

De la culture à la foi il n'y a point, il n'y a aucunement contrariété, mais, au contraire, accointance profonde, profonde nourriture de la culture pour la foi, littéralement une vocation, une destination profonde de la culture pour la foi.

Je ne crois pas que j'aie jamais parlé du *monde catholique*. J'ai parlé souvent de l'Eglise, de la communion. Je ne me sens pleinement à moi, je ne touche vraiment le fond de ma pensée que quand j'écris la chrétienté. Alors je vois à plein ce que je dis.

Le pécheur donne la main au saint, puisque le saint donne la main au pécheur. Et... l'un tirant l'autre, ils remontent jusqu'à Jésus... Celui qui n'est pas chrétien... c'est celui qui ne donne pas la main.

(La chrétienté) C'est une cité. Un mauvais citoyen est de la cité. Un bon étranger n'en est pas. Un mauvais Français est Français. Un bon Allemand n'est pas Français.

XIII, 4, 22 octobre 1911, *le porche du mystère de la deuxième vertu.*

La foi que j'aime le mieux, dit Dieu, c'est l'espérance.

La foi va de soi… Pour croire il n'y a qu'à se laisser aller, il n'y a qu'à regarder. Pour ne pas croire il faudrait se violenter, se torturer, se tourmenter, se contrarier.

La petite espérance s'avance entre ses deux grandes sœurs et on ne prend seulement pas garde à elle.

Sur le chemin du salut, sur le chemin charnel, sur le chemin raboteux du salut, sur la route interminable, sur la route entre ses deux sœurs la petite espérance
S'avance…
Et au milieu entre ses deux grandes sœurs elle a l'air de se laisser traîner.
Comme une enfant qui n'aurait pas la force de marcher.
Et qu'on traînerait sur cette route malgré elle.
Et en réalité c'est elle qui fait marcher les deux autres.
Et qui le traîne.
Et qui fait marcher tout le monde.
Et qui le traîne.

La foi

Il faut que la chrétienté continue...
Il faut que la paroisse continue.
Il faut que la France et que la Lorraine continuent.

Il y a dans ce qui commence une source, une race qui ne revient pas.
Un départ, une enfance que l'on ne retrouve, qui ne se retrouve jamais plus.
Or la petite espérance
Est celle qui toujours recommence.

Enfants...
Vous êtes tous des enfants Jésus.
Et quel homme, quel fou, quel blasphémateur oserait se dire un homme Jésus.

(La sainte Vierge) A toute autre créature il manque quelque chose..

A celles qui sont charnelles il manque précisément d'être pures...
Mais à celles qui sont pures il manque précisément d'être charnelles.
Et à elle au contraire il ne manque rien.
Sinon vraiment d'être Dieu même...
Car étant charnelle elle est pure.
Mais, étant pure, aussi elle est charnelle.

Comme les deux mains sont jointes dans la prière...

Ainsi le corps et l'âme sont comme deux mains jointes.

Et l'une et l'autre ensemble ils entreront ensemble dans la vie éternelle.

Ou tous les deux ensemble ils retomberont comme deux poignets liés.

Pour une captivité éternelle.

Comme un bon laboureur pour labourer cette lourde terre...

Ainsi le Seigneur Dieu a attelé le corps à l'âme.

Jésus-Christ n'est pas venu pour nous dire des fariboles.

Jésus non plus ne nous a point donné des paroles mortes...

Que nous ayons à conserver dans (de) l'huile rance

Comme les momies d'Egypte...

Il nous a donné des paroles vivantes

A nourrir.

Il faut faire espérance à Dieu.

Dieu nous a fait espérance. Il a commencé. Il a espéré que le dernier des pécheurs,

Que le plus infime des pécheurs au moins travaillerait quelque peu à son salut,

Si peu, si pauvrement que ce fût.

(La brebis perdue) C'est injuste. Voilà une âme... qui vaut autant... que ces quatre-vingt-dix-neuf malheureuses qui étaient demeurées constantes...

Qui pèse autant ? Peut-être qui pèse plus... Mon enfant, mon enfant, tu le sais. C'est justement cela.

C'est qu'elle avait péri ; et qu'elle a été retrouvée...

C'est qu'elle était morte et qu'elle est ressuscitée.

Une pénitence de l'homme
Est un couronnement d'une espérance de Dieu.

Il y a un double recrutement des saints qui sont dans le ciel.

Il y a ceux qui viennent, il y a ceux qui sortent des justes.

Il y a ceux qui sortent des pécheurs.

Un homme avait deux fils. De toutes les paroles de Dieu
C'est celle qui a éveillé l'écho le plus profond...
C'est la seule que le pécheur n'a jamais fait taire dans son cœur.

(Le pécheur) Tout à fait au fond, au fond de sa honte et de son péché il aime (mieux) ne pas avoir la paix. Cela le rassure un peu.

Vraiment, dit Dieu, mon Fils m'a fait de très bons jardiniers

Depuis quatorze siècles qu'il ameublit cette terre d'âmes.

Rien n'est aussi grand dans ma création
Que ces beaux jardins d'âmes bien ordonnés comme en font les Français...
Toutes les sauvageries du monde ne valent pas un beau jardin à la française.

(L'espérance) Voyez cette petite, dit Dieu, comme elle marche.
Elle sauterait à la corde dans une procession..
Tellement elle est heureuse
(Seule de toutes)
Et tellement elle est sûre de ne jamais se fatiguer.

Je n'aime pas celui qui ne dort pas, dit Dieu...
Comme l'enfant se couche innocent dans les bras de sa mère ainsi ils ne se couchent point
Innocents dans les bras de ma Providence.

Celui qui ne dort pas est infidèle à l'Espérance.

La sagesse humaine dit : Malheureux qui remet à demain.
Et moi je dis : Heureux, heureux qui remet à demain.

Heureux qui remet. C'est-à-dire heureux qui espère. Et qui dort.

Comme si plus d'un.

Qui avait laissé ses affaires très mauvaises en se couchant.

Ne les avait pas trouvées très bonnes en se levant.

Parce que peut-être j'avais passé par là.

XIII, 12, 24 mars 1912, *le mystère des saints Innocents*.

Ma petite espérance n'est rien que cette petite promesse de bourgeon qui s'annonce au fin commencement d'avril...

Quand vous regardez le chêne treize et quatorze fois et dix-huit fois centenaire...

Quand vous voyez tant de force et tant de rudesse le petit bourgeon tendre ne paraît plus rien du tout...

Et pourtant c'est de lui que tout vient au contraire...

Sans ce bourgeon, qui n'a l'air de rien, qui ne semble rien, tout cela ne serait que du bois mort.

Celui qui est dans ma main comme le bâton dans la main du voyageur.

Celui-là m'est agréable, dit Dieu.

Celui qui est posé dans mon bras comme un nourrisson qui rit,

Et qui ne s'occupe de rien,
Et qui voit le monde dans les yeux de sa mère, et de sa nourrice.
Et qui ne le voit et ne le regarde que là. Celui-là m'est agréable, dit Dieu.

Celui qui s'abandonne, je l'aime. Celui qui ne s'abandonne pas, je ne l'aime pas, c'est pourtant simple.

Celui qui s'abandonne ne s'abandonne pas et il est le seul qui ne s'abandonne pas.

Je comprends très bien, dit Dieu, qu'on fasse son examen de conscience.
C'est un excellent exercice. Il ne faut pas en abuser.

Vos péchés sont-ils si précieux qu'il faille les cataloguer et les classer
Et les enregistrer et les aligner sur des tables de pierre
Et les graver et les compter et les calculer et les compulser
Et les compiler et les revoir et les repasser
Et les supputer et vous les imputer éternellement

Et les commémorer avec je ne sais quelle sorte de piété.

Depuis quand le laboureur
Fait-il des gerbes d'ivraie et de chiendent. On fait des gerbes de blé, mon ami.

Ne dressez point ces comptes et ces nomenclatures.

C'est beaucoup d'orgueil.

C'est aussi beaucoup de traînasserie. Et de paperasserie.

Quand le pèlerin, quand l'hôte, quand le voyageur
A longtemps traîné dans la boue des chemins,
Avant de passer le seuil de l'église il s'essuie soigneusement les pieds,
Avant d'entrer,
Parce qu'il est très propre.
Et il ne faut pas que la boue des chemins souille les dalles de l'église.
Mais une fois que c'est fait, une fois qu'il s'est essuyé les pieds avant d'entrer ;
Une fois qu'il est entré il ne pense plus toujours à ses pieds
Il ne regarde plus toujours si ses pieds sont bien essuyés.
Il n'a plus de cœur, il n'a plus de regard, il n'a plus de voix
Que pour cet autel où le corps de Jésus

Et le souvenir et l'attente du corps de Jésus
Brille éternellement.

Au seuil de mon temple, au seuil de ma nuit, essuyez-vous les pieds et qu'on n'en parle plus.

Débarbouillez-vous le soir. C'est ça faire votre examen de conscience. On ne se débarbouille pas tout le temps.

Pensez donc un peu moins à vos péchés quand vous les avez commis

Et pensez-y un peu plus au moment de les commettre...

Quand vous avez passé par-dessus vos péchés, vous les faites gros comme des montagnes, dit Dieu.

C'est au moment de les passer qu'il faut voir que ce sont en effet des montagnes et qu'elles sont affreuses.

Vous êtes vertueux après. Soyez donc vertueux avant

Et pendant.

Que vos examens de conscience et que vos pénitences

Ne soient donc point des raidissements et des cabrements en arriére,

Peuple à la nuque dure,

Mais qu'ils soient des assouplissements et que vos examens de conscience et que vos pénitences et que vos contritions même les plus amères

Soient des pénitences de détente, malheureux enfants, et des contritions de rémission

Et de remise en mes mains et de démission.

(De démission de vous)...

Soyez donc enfin, soyez comme un homme

Qui est dans un bateau sur la rivière

Et qui ne rame pas tout le temps

Et qui quelquefois se laisse aller au fil de l'eau.

Vous aimez mieux me faire de grands sacrifices, pourvu que ce ne soit pas ceux que je vous demande

Que de m'en faire de petits que je vous demanderais.

Je suis leur père, dit Dieu, *Notre père qui êtes aux cieux.*

Mon fils le leur a assez dit, que je suis leur père... Celui qui est père est surtout père.

Et à présent il faut que je les juge comme un père. Pour ce que ça peut juger un père...

On sait assez comment le père a jugé le fils qui était parti et qui est revenu.

C'est encore le père qui pleurait le plus.

Notre père qui êtes aux cieux, ces trois ou quatre mots...

Heureux celui qui s'endort sous la protection de l'avancée de ces trois ou quatre mots.

Ces mots qui marchent devant toute prière comme les mains du suppliant marchent devant sa face...

Ces trois ou quatre mots qui s'avancent comme un bel éperon devant un pauvre navire.

Cette immense flotte de prières chargée des péchés du monde.

Toute cette immense flotte de prières et de pénitences m'attaque.

Chaque *Pater* est comme un vaisseau de haut bord...

Et derrière ces beaux vaisseaux de haut bord les *Ave Maria*

S'avancent comme des galères innocentes, comme des virginales birèmes.

Comme des vaisseaux plats, qui ne blessent point l'humilité de la mer

Qui ne blessent point la règle, qui suivent, humbles et fidèles et soumises au ras de l'eau.

Je joue souvent contre l'homme, dit Dieu, mais c'est lui qui veut perdre, l'imbécile, et c'est moi qui veux qu'il gagne.

Comme un père qui apprend à nager à son fils...

Ainsi moi quand je leur apprends à nager dans leurs épreuves

Moi aussi je suis partagé entre ces deux sentiments.

Car si je les soutiens toujours et je les soutiens trop

Ils ne sauront jamais nager eux-mêmes.

Mais si je ne les soutiens pas juste au bon moment

Ces pauvres enfants boiraient peut-être un mauvais coup.

Tel est le mystère de la liberté de l'homme, dit Dieu...

Si je le soutiens trop, il n'est plus libre

Et si je ne le soutiens pas assez, il tombe.

Si je le soutiens trop, j'expose sa liberté

Si je ne le soutiens pas assez, j'expose son salut :

Deux biens en un sens presque également précieux.

Car ce salut a un prix infini.

Mais qu'est-ce qu'un salut qui ne serait pas libre.

Etre aimé librement,
Rien ne pèse ce poids, rien ne pèse ce prix.

Tous les prosternements du monde
Ne valent pas le bel agenouillement droit d'un homme libre.

La liberté

Est ce grand air que l'on respire dans une belle vallée

Et encore plus à flanc de coteau et encore plus sur un large plateau bien aéré.

Or il y a un certain goût de l'air pur et du grand air

Qui fait les hommes forts, un certain goût de santé,

D'une pleine santé, virile, qui fait paraître tout autre air

Enfermé, malade, confiné.

Dans leur histoire de la lèpre et du péché mortel voici comme je calcule, dit Dieu...

Je n'en retiens pas, que saint Louis m'aime ordinairement...

Et que Joinville m'aime trente fois moins qu'ordinairement.

J'en retiens au contraire que Joinville m'aime ordinairement.

Honnêtement, comme un pauvre homme peut m'aimer,

Doit m'aimer

Et que saint Louis au contraire m'aime trente fois plus qu'ordinairement...

Car... Cette lèpre dont ils parlaient...

Ce n'était pas une lèpre d'imagination et une lèpre d'invention et une lèpre d'exercice...

Mais c'était la réelle lèpre...

Cette sèche moisissure blanche qui gagne de proche en proche...

Et qui fait d'un homme un cadavre qui marche.

Ah ? sans doute si Joinville avec les yeux de l'âme avait vu

Ce que c'est que cette lèpre de l'âme

Que nous ne nommons pas en vain le péché mortel...

Lui-même il eût tout de suite compris combien son propos était absurde.

Et que la question ne se pose même pas. Mais tous ne voient pas avec les yeux de l'âme.

Les Pharisiens poussent des cris sur celui qui ne veut pas attraper la lèpre

Et ils sont scandalisés, ces vertueux.

Mais moi qui ne suis pas vertueux,

Dit Dieu,

Je ne pousse pas des cris et je ne suis pas scandalisé.

Les cœurs des pécheurs ne se prennent point par effraction.

Ils ne sont pas assez purs. Le seul royaume du ciel se prend par effraction.

Il n'y a point de maladie de bonne, dit Dieu. Je le sais, c'est moi qui tes ai faites.

C'est pour cela qu'il se fait tant de saluts, et des plus beaux dans la maladie,
Et des plus grands
Et que tant de saints sortent de la maladie
Naturellement comme du ventre de leur mère.

On croit que les enfants ne savent rien.
Et que les parents et que les grandes personnes savent quelque chose...
Ce sont les parents, ce sont les grandes personnes qui ne savent rien
Et ce sont les enfants qui savent
Tout.
Car ils savent l'innocence première
Qui est tout.

C'est l'innocence qui est pleine et c'est l'expérience qui est vide...
C'est l'enfant qui est plein et c'est l'homme qui est vide.

Rien n'est beau comme un enfant qui s'endort en faisant sa prière dit Dieu.

(Les Saints Innocents) Sera-t-il dit...
Que les plus près de moi ce seront ces blancs enfants laiteux
Qui n'ont jamais rien su de la vie et rien fait de l'existence
Que de recevoir un bon coup de sabre.
Je veux dire placé au bon moment.

La foi

Personne ne pouvait dire ce cantique.

(Tel est leur exorbitant privilège)...

Christianus sum, je suis chrétien, ce cri du témoignage

Proféré dans les supplices les plus affreux.

Crié à la face du ciel,

Crié doucement à la face des bourreaux...

Aux plus grands martyres n'a point ouvert ce singulier, cet éminent privilège.

Tant d'autres sont morts sur les routes perdues dans les plaines perdues marchant à la délivrance du Saint-Sépulcre.

Les reins brisés, gisant par terre, crevant de fatigue.

Crevant de faim, crevant de soif, crevant de sable.

Les côtes rompues, couchés par terre, à dix-huit cents lieues de leur château.

Mourant de leurs blessures. Vidés de leur sang comme des outres percées...

Tant d'autres sont partis, tant d'autres sont morts.

Crevés de bataille, crevés de misère, crevés de lèpre

Et à tant d'autres...

Eternellement il n'est pas donné de chanter ce cantique nouveau.

Tel est mon paradis, dit Dieu. Mon paradis est tout ce qu'il y a de plus simple.

Rien n'est aussi dépouillé que mon paradis...

Ces simples enfants jouent avec leur palme et avec leurs couronnes de martyres...

Je pense qu'ils jouent au cerceau, dit Dieu, et peut-être aux grâces.

(Du moins je le pense, car ne croyez point qu'on me demande jamais la permission)

Et la palme toujours verte leur sert apparemment de bâtonnet.

XIV, 6, 16 février 1913, *l'argent.*

(Nos maîtres et nos curés) ce serait un assez bon titre pour un roman... Aujourd'hui je puis dire sans offenser personne que la métaphysique de nos maîtres n'a plus pour nous et pour personne aucune espèce d'existence et la métaphysique des curés a pris possession de nos êtres à une profondeur que les curés eux-mêmes se seraient bien gardés de soupçonner.

XIV, 9, 27 avril 1913, *l'argent suite.*

Je ne veux rien savoir d'une charité chrétienne qui serait une capitulation perpétuelle devant les puissances de ce monde... je ne connais qu'une charité chrétienne... c'est la constante communion et spirituelle, et *temporelle*, avec le pauvre, avec le faible, avec l'opprimé.

C'est vraiment un grand mystère que cette sorte de ligature du spirituel au temporel. On pourrait presque dire que c'est comme une sorte d'opération d'une mystérieuse greffe.

La morale a été inventée par les malingres. Et la vie chrétienne a été inventée par Jésus-Christ.

Il y a cinq règnes : le règne minéral, le règne végétal, le règne animal, le règne humain et le règne chrétien... Et il n'y a pas moins d'écart et il n'y a pas moins d'avènement et il n'y a pas moins de discontinuité du troisième au quatrième, et du quatrième au cinquième, qu'entre n'importe lesquels des trois autres.

XV, 4, 28 décembre 1913,
Eve.

Et l'arbre de la grâce est raciné profond
Car le surnaturel est lui-même charnel
Et l'éternité même est dans le temporel

Toute âme qui se sauve aussi sauve son corps

(La légation du monde antique)

Les pas des légions avaient marché pour lui.
C'était lui qui marchait derrière le Romain,
Derrière le préfet, derrière la cohorte.

Les rêves de Platon avaient marché pour lui
Du cachot de Socrate aux prisons de Sicile.

Les soleils idéaux pour lui seul avaient lui.
Et pour lui seul chanté le gigantesque Eschyle.

Les règles d'Aristote avaient marché pour lui
Du cheval d'Alexandre aux règles scolastiques.
Et pour lui l'ascétisme et la règle avaient lui
Des règles d'Epicure aux règles monastiques.

Il avait hérité d'un monde déjà fait.
Et pourtant il allait tout entier le refaire.

(Le jugement dernier)

Ce n'est pas de mémoire et de certificat
Que nous aurons besoin dans ce commun désastre

Seigneur, nous n'avons rien qu'une basse misère Et le prosternement de nos raides genoux.

Un autre, un Dieu rompra les registres d'écrous. Un autre, un Dieu rompra les deux portes d'airains

Un autre effacera de la peau de nos cous
Le bleuâtre sillon de nos colliers de force.

Mais nul n'effacera de nos livres de peine
La trace d'un *Pater* ni celle d'un *Ave*.

Clio (œuvre posthume).

Il n'y a sans doute pas de sainteté sans une secrète obéissance, sans une secrète entente du corps à l'âme, même dans la querelle.

La grâce est insidieuse, la grâce est retorse et elle est inattendue... Les hommes que Dieu veut avoir, il les a. Les peuples que Dieu veut avoir, il les a. Quand la grâce ne vient pas droit, c'est qu'elle vient de travers. Quand elle ne vient pas à droite, c'est qu'elle vient à gauche. Quand elle ne vient pas droite c'est qu'elle vient courbe, et quand elle ne vient pas courbe c'est qu'elle vient brisée... Quand elle ne vient point par en-dessus, c'est qu'elle vient par en-dessous ; et quand elle ne vient point par le centre c'est qu'elle vient par la circonférence... quand elle ne procède point comme une fontaine jaillissante, elle peut, si elle veut, procéder comme une eau qui suinte sournoisement par en-dessous d'une digue de Loire... Oui le monde moderne a tout fait pour proscrire la chrétienté, pour éliminer de soi toute substance, tout atome, toute trace de chrétienté. Mais si je vois une invincible, une insubmersible, une incompréhensible chrétienté, resourdre d'en-dessous, resourdre du pourtour, resourdre de partout, vais-je la méconnaître, parce que moi infirme je n'avais pas calculé d'où elle viendrait... Où est-il dit que Dieu abandonne l'homme dans le péché... Ce peuple achèvera un chemin qu'il n'a point commencé. Ce siècle, ce monde, ce peuple arrivera par la route par laquelle il n'est pas parti. Et beaucoup en outre et ainsi se revêtiront, se retrouveront dans les sacramentelles formes.

Celui qui *subit* une vertu est peut-être plus que celui qui la pratique... Car celui qui pratique la vertu, se désigne lui-même pour la pratiquer. Mais celui qui la subit est peut-être désigné ailleurs.

(Clio parle) Une expérience de vingt siècles m'a montré qu'une fois que la dent de chrétienté a mordu dans un cœur, elle ne lâche jamais le morceau... Vous êtes souvent, vous êtes presque toujours infidèles à Dieu. Mais Dieu ne vous est pas infidèle.

Quand on se réconcilie sur une affaire, c'est qu'on n'y entend plus rien. En ce sens il n'y a qu'une affaire, sur laquelle nous sommes sûrs qu'on ne se réconciliera jamais et sur laquelle nous sommes sûrs qu'il y aura une division éternelle : c'est l'affaire Jésus... Je vous défie de trouver jamais dans les siècles des siècles un seul homme qui parle de Jésus en historien.

Ils ne vous en parleront jamais qu'en chrétiens ou antichrétiens.

Note conjointe (œuvre posthume).

Le chrétien, toujours inconsolé, n'en a jamais assez. Un Dieu est mort pour lui. Il regarde et trouve toujours qu'on est bien malheureux.

Les « honnêtes gens » ne mouillent pas à la grâce.

Leur peau de morale constamment intacte leur fait un cuir et une cuirasse sans faute. Ils ne présentent point cette ouverture que fait une affreuse blessure, une inoubliable détresse, un regret invincible, un point de suture éternellement mal joint, une mortelle inquiétude, une invincible arrière-anxiété, une amertume secrète, un effondrement perpétuellement masqué, une cicatrice éternellement mal fermée... La charité même de Dieu ne panse point celui qui n'a pas des plaies.

La morale est une propriété, un régime et certainement un goût de propriété. La morale nous fait propriétaires de nos pauvres vertus. La grâce nous fait une famille et une race. La grâce nous fait fils de Dieu et frères de Jésus-Christ.

Dieu prend l'homme sur ses défenses. Mais que deviendra celui qui ne se met pas même en défense.

Quand on parle de l'endurcissement final et de l'impénitence finale il faut bien entendre un phénomène réel d'induration qui rend l'âme comme un bois mort.

Cette espèce de fausse honte qui sévit malheureusement chez les catholiques, ce respect humain, ce mauvais respect, cette courte honte fait qu'ils ne pensent jamais qu'à apporter leurs preuves. (Et ce qu'ils nomment leurs preuves c'est généralement des excuses.) Ils plaident toujours coupables. C'est les preuves des autres qu'il faut demander. Je voudrais bien les voir, les preuves des autres.

Une grande pensée qui affronte une autre grande pensée, voilà ce qui réjouit le cœur de Dieu... C'est la grandeur, c'est la beauté, c'est la noblesse du combat qui est tout pour le regard pour qui seul ce combat est livré.

Ceux qui prennent de la hauteur... à partir du monde en abaissant le monde ne s'élèvent pas.

Il ne suffit point d'abaisser le temporel pour s'élever dans la catégorie de l'éternel. Il ne suffit point d'abaisser la nature pour s'élever dans la catégorie de la grâce. Il ne suffit point d'abaisser le monde pour s'élever dans la catégorie de Dieu.

(Les dévots) Parce qu'ils ne sont pas de l'homme ils croient qu'ils sont de Dieu. Parce qu'ils n'aiment personne, ils croient qu'ils aiment Dieu.

Pour la même raison qu'il ne faut pas scandaliser les enfants, pour la même raison il ne faut pas scandaliser aussi les païens et les infidèles... Au temps de Polyeucte il ne fallait pas que le chrétien fût inférieur au païen même en honneur païen. Au temps de la croisade il ne faut pas que le chrétien soit inférieur à l'infidèle, il ne faut pas que le chevalier chrétien soit vaincu par le « chevalier » arabe même en honneur infidèle.

(Jeanne d'Arc) Elle réalisa ce que je dirai peut- être un jour : la plus prochaine imitation de Jésus- Christ.

Il faut balayer l'exercice propre, ces misérables inventions de l'homme, comme elle (Jeanne d'Arc) balayait le devant de sa porte : pour laisser entrer l'exercice qui vient de Dieu.

(Jésus) il s'est livré à l'exégète, à l'historien, au critique comme il s'est livré aux soldats, aux autres juges, aux autres tourbes... S'il s'était dérobé à la critique et à la controverse, s'il s'était soustrait à l'exégète, au critique, à l'historien... l'incarnation n'eût point été intégrale et loyale.

Rien d'acquis n'est acquis pour éternellement. Et c'est la condition même de l'homme. Et la condition la plus profonde du chrétien.

Quand on a ses principaux amis... comme je les ai, chez les protestants et chez les juifs, on s'aperçoit bientôt, qu'ils ne peuvent pas se représenter ce que c'est qu'un catholique... Un catholique c'est un homme qui sait très bien qu'il est dans la bonne route spirituelle et qui éprouve tout de même le besoin de consulter les poteaux indicateurs.

Ou plutôt qui éprouve une joie, une joie profonde, à consulter les poteaux indicateurs.

Charles Péguy

Disponibles aux Editions AOJB :

Atala, de Chateaubriand, illustré par G. Doré

Exégèse des lieux communs, de Léon Bloy

Histoire de France, de J. Bainville ill. par JOB

Napoléon, de J. Bainville par JOB

Petite Histoire de France, de J. Bainville ill. par JOB

La Chevalerie, de Léon Gautier (illustré)

Roland Furieux, de l'Arioste (600 gravures de Gustave Doré)

La chanson des vieux époux, de Pierre Loti, (illustrations de H. Somm)

La Psychologie des Foules, de G. Lebon

La grève des électeurs, de Octave Mirbeau

L'appel des armes, de Ernest Psichari

L'Ame russe, recueil de contes russes

L'ancien régime et la révolution, d'A. de Tocqueville

Le Capital, de Karl Marx résumé par G. Deville

Le Manifeste du Parti Communiste, de Marx et Engels

Réflexions Politiques, de Jacques Bainville

Le dernier jour d'un condamné, de Victor Hugo,

Les aventures du Baron de Münchhausen, illustrées par G.Doré

Les Poilus à travers les âges, de Henriot

Maximes, pensées et réflexions, de Napoléon Bonaparte

Murat, de G. Montorgueil (illustrations couleurs de JOB)

Les fleurs du mal, (350 illustrations d'E. Bernard) de C. Baudelaire

La France contre les robots, de Georges Bernanos

L'avenir de l'intelligence, de Charles Maurras,

Mes idées politiques, de Charles Maurras

Ma vie aventureuse, de Conan Doyle

Exploits et aventures du colonel Gérard, de Conan Doyle

….

www.editions-AOJB.fr